户籍制度改革的成本与收益研究

COST AND DIVIDEND OF HUKOU
REFORMS IN CHINA

屈小博 著

中国社会科学出版社

图书在版编目（CIP）数据

户籍制度改革的成本与收益研究 / 屈小博著 . —北京：中国社会科学出版社，2021.7
ISBN 978 - 7 - 5203 - 8308 - 0

Ⅰ.①户… Ⅱ.①屈… Ⅲ.①户籍制度—体制改革—研究—中国 Ⅳ.①D631.42

中国版本图书馆 CIP 数据核字（2021）第 076138 号

出 版 人	赵剑英
责任编辑	王 衡
责任校对	朱妍洁
责任印制	王 超

出　　版	中国社会科学出版社
社　　址	北京鼓楼西大街甲 158 号
邮　　编	100720
网　　址	http://www.csspw.cn
发 行 部	010 - 84083685
门 市 部	010 - 84029450
经　　销	新华书店及其他书店
印　　刷	北京明恒达印务有限公司
装　　订	廊坊市广阳区广增装订厂
版　　次	2021 年 7 月第 1 版
印　　次	2021 年 7 月第 1 次印刷
开　　本	710×1000　1/16
印　　张	12.75
插　　页	2
字　　数	169 千字
定　　价	69.00 元

凡购买中国社会科学出版社图书，如有质量问题请与本社营销中心联系调换
电话：010 - 84083683
版权所有　侵权必究

前　　言

本书是国家社会科学基金项目"户籍制度改革的成本与收益研究"（14BJY034）的成果，从一个宏观的整体视角，系统分析了中国户籍制度，包括户籍制度的变迁与发展、户籍制度对中国经济的影响、全面户籍制度改革的成本和户籍制度改革的收益。并将着眼点放在了户籍制度改革的成本与户籍制度改革带来的收益上，针对中国现阶段户籍制度改革的实际进展与实现户籍人口城市化率的目标，提出相应的政策建议。本书的逻辑主线从中国户籍制度与人口流动政策变迁、迁移对生产效率和社会发展的效应、户籍制度改革对扩大劳动力供给的影响、户籍制度改革的成本与城市化动态推进、户籍制度改革的经济收益及其效应，以及全面户籍制度改革的政策含义等展开，主要研究结论有以下几点。

第一，随着经济社会的发展，中国户籍制度实际执行的功能逐渐偏离设置初衷，但从21世纪以来这一状况逐渐得到好转。中国的户籍制度最早起源于20世纪50年代，处于中华人民共和国刚刚成立的时期。在这一经济社会背景下，为更好地制定经济计划，必须对国内的经济社会状况有全面、清晰的了解，因而掌握详细的人口数据显得尤为重要。由此，户籍制度应运而生。成立初期的户籍制度就从居住地的性质出发，总体上将中国居民划分为农业人口和非农人口。但是这一时期农业人口与非农人口的划分并没有带来实际的不利影响，户籍政策对于农业人口与非农业人口同等对待。然而，随着中国经济社会的发展，尤其是在社会主义建设时期，为更好地实现中国工业化的目标，就需要对农村人口的流动进行限制。自此，户籍制度对农业人口和非农人口的管理表现出差异。在工业快速发展的同时，中国建立并完善了相应的社保体系，但由于当时的资源有限，只能为部分国民提供社会保障。户籍制度的性质决定了其能够很好地实现上述两个目标，一方面，户籍制度基于农业与非农业人口的划分，通过加强对人口的管理，能够实现限制农村人口向城市流动的目标；另一方面，通过将农业人口排除在社保体系之外，实现了为部分国民提供社会保障这一目的。户籍制度附加的两个目标，让户籍制度行使的功能偏离了设计之初的人口管理，也使户籍制度带来的不平等问题愈加突出。

改革开放为东部沿海地区带来了大量的外来投资，推动了东部沿海地区的经济发展，其发展大大快于西部地区，也使得该地区对劳动力的实际需求不断加大，单纯的本地劳动力供给难以充分满足经济发展对劳动力的需求。东部地区经济快速发展带来的对劳动力需求的增加与西部地区经济发展缓慢产生的冗余劳动力，共同推动了西部地区的劳动力不断向东部沿海地区流动，这打破了中国户籍制度对劳动力流动的严格限制。但因为中国的经济发展程度依然较低，难以在全国范围建立均等的社会保障，故而户籍制度仍行使着具有排他性的社会福利分配的功能，城市户籍人口享有的基本公共服务远超城市地区的外来户籍人口。

21世纪以后，尤其是经济发展进入新常态以后，中国的经济发展模式发生了明显的变化。传统依靠资本和劳动力等生产要素大量投入带来的粗放型经济增长难以为继，只有更多地从要素配置出发以提高生产效率，才能继续推动经济社会快速发展。但是户籍制度实际带来的城市居民与流动人口之间福利分配的不均等，抑制了人口流动、妨害了劳动力的最优配置，不利于经济社会的发展。因此这一时期加大了对户籍制度背后的福利分配不均等的改革，以便消除由户籍制度带来的资源配置效率的损失，户籍改革在这一时期实际行使的功能也逐渐走向设计初的人口管理与人口统计。

第二，人口自由流动有利于经济发展，但中国户籍制度的背后蕴含着城市基本公共服务分配不均的问题，抑制了中国劳动力在区域间的自由流动。城市基本公共服务均等化的户籍制度改革能够有效消除户籍制度带来的不均等问题，有助于消除户籍制度对劳动力流动的限制、加快经济社会发展的进程，也是当前推动中国经济发展最为直接有效的措施之一。已有的经济理论指出，允许劳动力在区域间、区域内自由流动，能够有效提高劳动力的配置效率，对于总体的经济发展能够带来积极的作用。对于人口流入地来说，人口的流入能扩大地区劳动力市场的规模，进而带来生产规模的扩大，这有助于劳动分工的细化，进而显著提升地区的生产效率、促进经济发展。对于人口流出地来说，虽然劳动力流出会在人口流出地区产生与人口净流入地相反的影响，如劳动力市场规模的缩小带来生产规模的下降。但是从整体来看，人口的自由流动有助于经济发展程度、生产效率较低地区的劳动者向经济发展程度、生产效率更高的地区流动，这仍旧会提高经济社会整体的生产效率。即使劳动力的双向流动是对等的，但个体劳动者在不同的工作任务上有着不同的比较优势，劳动者向能够更好地发挥自身比较优势的城市流动，仍然能从整体上提高生产效率。但中国户籍制度的性质，决定了其会对劳动力的流动产生较大限制。20世纪90年代，户籍制度对劳动力流动的限制主要体现在农业户籍与非农户籍的划分上。该时期户籍制度对劳动力流动的限制主要通过直接的行政命令实现，通过明确限制农业人口向城市尤其是东部沿海地区经济较为发达的城市流动，对劳动力的自由流动产生了直接的负面影响。但随着经济进一步发展，户籍制度不再对劳动力的流动做过多的限制，因而农业与非农业户籍性质的划分不再成为限制劳动力流动的主要制约因素。然而，由户籍制度带来的本地与外来户籍人口性质的划分影响着不同类型人群享有的城市基本公共服务，因而本地与外来的户籍性质逐渐成为制约劳动力在国内流动的最主要的因素。在中国劳动参与率逐渐降低、老龄化程度进一步严峻的情况下，加快户籍制度改革以消除对劳动力流动的限制从而增加劳动供给、提高生产效率，是稳定中国经济社会发展最直接、有效的措施之一。

第三，中国户籍制度改革缓慢的原因并不在于户籍制度改革所需的绝对成本，而在于户籍制度改革所需成本的地区差异及中央与地方政府财政收支的不均衡。不同地区所处地理位置的差异，影响着地区经济社会发展的进程，也是影响中国地区经济发展不平等的重要原因。东部沿海地区和其他地区的大城市因为有更优越的地理位置，在改革开放初期获得了更多的外商投资，经济发展程度远超中西部等其他地区，也吸引了多数中西部地区的劳动力向东南沿海地区流动。当前时期，户籍制度改革的核心在于城市基本公共服务城市常住人口均等化，这也决定了东部沿海地区和一些大城市等吸引外来劳动力更多的地区有更大的户籍制度改革压力和阻力。本书通过将户籍改革的成本定义为城市基本公共服务与社会保障方面的支出，基于全国地级市层面的数据计算发现：户籍制度改革的总成本约为12万亿元，平均每年约占财政在户籍相关支出的7.3%，可以看出户籍改革的相关支出在全国整体相关财政支出方面是完全可以承担的。然而，从分地区的角度计算不同地区户籍改革成本可以看到，户籍改革成本存在较为明显的地区差异，户籍改革成本低的地区总成本不到300亿元，但户籍改革成本高的地区超过万亿元。不同地区承担的户籍改革成本的差异巨大，这也说明了户籍制度改革成本的地区差异是阻碍中国户籍制度改革进程的重要原因。进一步分析发现，中央与地方之间事权与财权的不对等，也是抑制户籍制度改革的原因。数据显示，中国财政存在较为明显的收支不等的情况，中央政府掌握更多的财政收入，但财政支出的比例更小，地方政府的财政收入份额更小，但承担着更大的财政支出的比重。中央与地区之间财政收入与支出的不对等，减小了户籍制度改革带来的经济发展的收益对地方政府的正向激励，这同样也是导致中国实际的户籍制度改革进程缓慢的重要原因。

第四，户籍制度改革带来的农民工市民化，不仅能够显著扩大地区消费带来的直接经济效益，还能通过优化经济结构、提高生产效率，进而对中国的经济发展带来积极的影响。《中华人民共和国2019年国民经济与社会发展统计公报》显示，2019年中国城市常住人口城市化率为60.6%，户籍人口城市化率为44.38%，城市常住人口与户籍人口城市化率之间超过16%的差异就是由城市中的流动人口贡献的。中国户籍制度带来的本地户籍人口与外来户籍人口的差异，使城市地区的外来户籍人口难以享受与本地户籍人口均等的城市基本公共服务，包括医疗、教育、养老等与生活相关的服务。不均等的城市基本公共服务抑制了生活在城市中流动人口家庭的消费，导致流动人口家庭的消费要大大低于本地户籍人口家庭的消费。加快户籍制度改革、消除户籍背后带来的城市基本公共服务的不均等，能够消除由户籍制度带来的城市不同类型家庭消费水平的差异。已有的经济理论指出，消费的增加有助于地区的经济发展，故而加快户籍制度改革能够直接带来地区的经济发展。由劳动力流动带来的劳动力资源配置的优化，对地区的经济发展同样具有明显的促进作用。

中国建立户籍制度最初的目的在于便利我国宏观的人口统计与管理，而在经济发展的过程中，户籍制度逐渐被赋予了更多的功能，其中农业户口与非农业户口的划分，在20世纪90年代对中国劳动力的自由流动产生了直接的限制。随着经济的进一步发展，农业户口与非农业户口的划分不再会对劳动力的流动产生限制。但由户籍制度带来的本地与外来的划分，仍然不利于劳动力的自由流动，也会对劳动力的最优配置产生不利影响，这也逐渐成为户籍制度带来的最重要的不利影响之一。本书的研究表明，户籍制度改革虽然有成本，但户籍改革带来的直接和间接的经济收益完全能够抵销由户籍制度改革带来的成本。因而，设计良好的户籍改革成本低额分担机制，有助于加快中国实际的户籍改革进程。越早对户籍制度进行改革，使之行使设计之初的人口统计和管理的功能，对于中国经济发展的促进作用也会越大。

目　录

第一章　中国户籍制度改革与人口流动政策变迁 …………（1）
　　一　引言 ………………………………………………………（1）
　　二　户籍制度与人口流动宽松期 ……………………………（3）
　　三　户籍制度与人口流动紧缩期 ……………………………（7）
　　四　户籍制度与人口流动渐进改革期 ………………………（11）
　　五　户籍制度与人口流动加速改革期 ………………………（19）
　　六　新时代户籍与人口流动改革期 …………………………（31）
　　七　总结 ………………………………………………………（39）
　　附录　户籍制度与人口流动政策变迁 ………………………（40）

第二章　迁移对生产效率和社会发展的效应：理论与经验 ……（46）
　　一　引言 ………………………………………………………（48）
　　二　流动人口对地区生产的影响 ……………………………（54）
　　三　社会发展 …………………………………………………（74）
　　四　总结 ………………………………………………………（86）

第三章　户籍制度改革对扩大劳动供给的影响 ………………（89）
　　一　引言 ………………………………………………………（89）
　　二　农村劳动力迁移对扩大劳动力供给的影响 ……………（93）

户籍制度改革的成本与收益研究

　　三　劳动供给的决定 …………………………………… (101)
　　四　影响劳动供给的关键因素 …………………………… (113)
　　五　总结 ………………………………………………… (118)

第四章　户籍制度改革的成本与城市化动态推进 ……… (121)
　　一　引言 ………………………………………………… (121)
　　二　户籍成本的已有研究 ………………………………… (124)
　　三　数据的使用及改革思路 ……………………………… (127)
　　四　户籍改革成本的估算 ………………………………… (129)
　　五　总结 ………………………………………………… (149)
　　附录　已有户籍制度改革成本的研究 …………………… (152)

第五章　户籍制度改革的经济收益及其效应 …………… (157)
　　一　引言 ………………………………………………… (157)
　　二　户籍制度改革带来的消费增长 ……………………… (162)
　　三　户籍制度改革的经济收益 …………………………… (169)
　　四　总结 ………………………………………………… (177)

第六章　全面户籍制度改革的政策含义 ………………… (180)
　　一　主要研究结论 ………………………………………… (180)
　　二　加快全面户籍制度改革的政策建议 ………………… (182)

参考文献 ………………………………………………… (186)

第一章　中国户籍制度改革与人口流动政策变迁

一　引言

中华人民共和国成立70多年、改革开放40多年来，中国的经济社会发展状况经历了翻天覆地的变化，伴随着经济社会的快速发展，户籍制度与人口流动政策也处于不间断的变革之中。从中华人民共和国成立初期到20世纪50年代的社会主义建设时期，从50年代的社会主义建设时期再到80年代的改革开放时期，再从改革开放至今，每一个时期都有适应于该时期发展的户籍制度与人口流动政策的改革。梳理不同时期、不同经济发展状况下的户籍与人口流动政策的改革及其所处的背景、目的与最终结果，对于指导现阶段中国的户籍改革具有重要的现实意义。

纵观中国户籍制度与人口流动政策变迁过程可以看到，户籍和人口流动政策改革的方向往往是相同的。但在户籍制度与劳动力流动政策的变迁过程之中，它们各自改革的进度并不是同步的，其中户籍制度改革往往落后于人口流动政策的变化。中华人民共和国成立初期，户籍制度与人口流动政策对人口管理的力度大致相同，城镇户籍与农村户籍所能享用的基本公共服务也大致是均等的。随着中国经济的发展，尤其是社会保障体系在中国不断完善的背景下，户籍制度与人口流动政策对人口限制的差异不断增加，导致城镇户口与农村户口所能享受的基本公共服务逐渐分化。改革开放以后，东部沿海地区的经济发展速度远超中西部地区、城镇地区的经济社会发展速度远超农村地区，推动了中国中西部人口向东南沿海流动、农村地区人口向城镇流动。然而户籍制度与人口流动政策对劳动力不同力度的管理，使得即使中西部地区劳动者流向东部地区、农村劳动力流向城镇地区，流动人口也难以获得当地的户籍。由此，也进一步造成了流动劳动者与本地劳动者享有的城市基本公共服务存在差异。

虽然没有统一的关于户籍制度与人口流动政策不同时期的划分标准，但是按照户籍制度及人口流动政策的对人口流动管理的松紧程度与改革的方向和目的，可以将户籍制度与人口流动政策的改革划分为以下五个时期。第一个时期，从中华人民共和国成立初期开始一直持续到20世纪50年代中期结束，这一时期人们享有自由流动的权利，因而属于户籍制度与人口流动宽松期。第二个时期，从20世纪50年代中期开始到改革开放初期结束，这一时期中国不断加强户籍制度的人口管理功能，同时也加强了对人口流动的管理，特别是农村向城市、人口跨区域的流动，因而这一时期属于户籍制度与人口流动紧缩期。第三个时期，从20世纪80年代初期开始到21世纪初结束，在这一时期人口流动政策趋于宽松，户籍制度对人口流动的限制幅度较小，但户籍制度背后蕴藏的基本公共服务不均等的状况却不断被强化；在这一阶段内，户籍制度与人口流动政策整体趋于宽松，但是这一时期内的户籍制度与人口流动政策变化具有极大的差异，属于户籍制度与人口流动渐进改革期。第四个时期，从21世纪初期开始到新时代前夕，这一阶段的劳动力流动政策更多的是做好流动人口的服务工作，对劳动力流动的限制基本不存在，户籍制度对劳动力流动的限制也同样不存在，户籍制度改革也逐渐触及背后蕴藏的基本公共服务不均等的状况，各地区也实施着独具特色的改革政策，因而这一时期属于户籍制度与人口流动加速改革期。第五个时期，从中国进入新时代以来至今，并将在未来持续较长的一段时间，这一阶段的户籍制度改革以中央政府为领导，各地区加速推进，改革的内容以户籍背后蕴藏的基本公共服务业、户籍制度带来的不平等现象为主，因而这一时期属于新时代户籍与人口流动改革期。

二　户籍制度与人口流动宽松期

在中华人民共和国成立初期的近十年内，中国尚未建立起系统的户籍制度。随着经济社会发展对人口管理的需要，中国在早期更多的是制定相关的人口管理政策以便加强人口管理，同时也能弥补户籍制度对人口管理的不完善。在中华人民共和国成立初期，我国尚未制定任何的关于人口流动的政策，与此同时，人们也享有极大的流动的自由权。直到1950年，中国才正式出台了第一部有关人口流动的政策——《特种人口管理的暂行办法》（以下简称《办法》）。《办法》实施的目的是维护中华人民共和国成立后的国家与社会的安全和稳定，其更多的是针对中华人民共和国成立初期境内的反革命分子。其通过加强对人口的管理，防止我国境内反动分子实施危害国家与社会安全的活动。就《办法》实施的目的和主体内容来看，其并不能算作真正意义上的人口流动政策，同样也难以被看作户籍管理条例。因此，直到这一时期结束，中国也尚未制定实施相关的户籍管理条例与人口流动政策。

中国户籍制度及人口管理政策缺少的状况在1951年得到了改善。1951年7月公安部颁布了《城市户口管理暂行条例》（以下简称《条例》)。《条例》制定实施的背景为中华人民共和国刚刚成立,社会经济发展状况不太稳定,事关民生的就业和通货膨胀的状况较差,尤其是在城市地区。因而,《条例》实施的目的在于建立更好的城市基本公共秩序,以加快经济建设的步伐。其通过统一全国范围的人口和家庭户籍登记制度,为国家进行社会管理和经济建设提供了人口资料,也便于实施适当的经济计划。从政策实施的目的及实际发挥的作用看,《条例》可以说是中国第一部真正意义上的户籍相关管理条例。

《条例》是具有了户籍管理的雏形,同时,也显露了加强对农村人口向城市流动管理的征兆。中华人民共和国成立初期,中国尚未实施系统性的经济计划,因而无论是城市,还是农村地区,实际的经济社会发展速度都较为缓慢。由于城市和农村固有的差异,使得城市地区相较于农村地区事关人民生活领域的状况更加严峻,其中以失业问题最为严重。城市中规模庞大的失业群体加剧了对城市管理的困难,也对城市的安全和稳定提出了挑战。为更好地从整体上应对社会面临的困难,《条例》出台了鼓励城市事业群体返乡从事农业生产的条例,通过鼓励城市中的困难群体向农村地区流动,能够在一定程度上实现降低城市中社会发展风险的目的,从而实现稳定经济社会运行的目的。虽然《条例》的部分目的在于应对城市的大规模失业群体,鼓励城市中的失业者返乡从事农业生产,但是并没有强制性的手段要求失业群体返乡,而是采取劝说、建议的方式,鼓励城市失业者返乡。由此可以看到,《条例》虽然鼓励城市失业群体回乡从事农业生产,但是其方式是温和的,尊重了居民自我的意愿,也在一定程度上保障了居民自我迁移的权利。

面对日益严峻的国际形势,中国提出了第一个五年计划。第一个五年计划中最为核心的任务就是集中力量进行工业化建设,特别是事关国家安全的一些重工业。但由于中国当时还只是一个农业大国,农业生产的产出占中国国内总产出的比重相当大,制造业和服务业的发展较为缓慢,导致中国的资本较为匮乏,缺乏发展重工业所需要的大量的资本。

为加快积累发展第一个五年计划提出的发展重工业所需的资本,1953年中国发布了《中共中央关于粮食统购统销的决议》(以下简称《决议》)。《决议》要求所有农户家庭生产剩余的粮食及其他的一些农副产品均由国家统一收购,特别是其中的一些经济作物,不允许农户私下买卖粮食及农副产品。可以看到,《决议》通过收购农户家庭手中剩余的粮食及农副产品,集中了农业生产剩余,这为中国发展中国工业提供了一定的资本。但是,《决议》的实施也在一定程度上限制了这一时期农村人口向城市的流动。《决议》通过收购农户家庭手中的粮食和其他农副产品,并限制农户私下进行农产品的买卖,消除了农户为贩卖农产品向城市流动的可能,自然就减少了农村人口向城市迁移的动机,妨碍了农业人口的自由流动,相当于加强了对农村人口向城市流动的管理。

此后,中国发布了《市镇粮食定量供应办法》(以下简称《供应方法》),这一政策进一步限制了农村人口向城市的自由流动。《供应办法》限制了城镇居民的粮食买卖行为,明确指出每个城镇居民家庭只能购买一定量的粮食,同时购买粮食时必须出示相对应的粮票,并且粮食、粮票的转移也在一定程度上受到限制。可以看到,《办法》在一定程度上加强了《决议》对农村人口向城市流动的限制。如果说《决议》还只是从粮食市场的供给端对农村向城市的人口流动展开限制的话,即弱化农村人口向城市流动进行粮食买卖的动机,那么《办法》则进一步从粮食市场的需求端对农村人口向城市的流动产生一定的限制,即限制城市居民粮食买卖的数量。可以看到,在这一时期虽然没有明确限制农村人口向城市的流动,但无论是从《决议》来看,还是从《办法》来看,农村居民向城市流动的确会受到一定程度的限制，对流动行为的限制降低了农村居民向城市流动的可能。

1954年中国颁布了《中华人民共和国宪法》。《宪法》明确表示，中国公民享有平等的自由迁移的权利，这说明公民自由迁移的权利是受法律保护的。可以看到，虽然《宪法》以法律条文的形式保障了居民自由迁移的权利，但这一时期多数政策的实际作用却在一定程度上限制了个人的自由迁移，尤其是农村居民向城市的迁移。以1955年发布的《关于城乡划分标准的规定》（以下简称《规定》）和《关于建立经常户口登记制度的指示》（以下简称《指示》）为例。其中《规定》将中国居民按个人及其家庭的就业类型划分为从事农业生产的农业人口和从事非农生产的非农人口。《指示》在上述划分人口类型的基础上，进一步强调要对不同居住类型的人口进行分别登记。这两项政策共同建立起中国最初的户籍制度，但是也带来了诸多问题。按就业和居住类型划分人口类型，就相当于为不同的人口贴上了不同的标签，这也是今后农村居民和城市居民之间产生隔阂的萌芽。

虽然中国在这一时期初步建立起的户籍制度，为中国当时的人口管理带去了极大的便利，但也产生了诸多问题。随着中国生育率的急剧上升，在农村人口规模以更快的速度扩大的背景下，新增的农村人口继续从事农业生产已经难以满足居民的基本生活。在这一时期，就不断有农村居民向城市迁移，以求在城市获得非农就业。但是我国当时还是推行重工业优先发展的政策，轻工业及其他行业发展较为缓慢。相较于制造业和服务业，重工业吸纳就业的能力更为有限，因而难以为农村向城市流动的人群以及城市居民提供充足的就业岗位，导致城市的失业现象普遍。大量失业人员在城市滞留，也严重扰乱了城市的正常生活和日常管理。

为限制农村人口继续向城市流动、保障城市地区的稳定，中国在1957年发布了旨在限制农村人口向城市流动的《关于制止农村人口盲目外流的指示》（以下简称《指示》）。《指示》的主要内容是加强农村人口向城市流动的管理，限制农村人口向城市盲目流动。可以看到，《指示》加强对农村人员向城市流动的管理在一定程度上剥夺了农村人口自由流动的权利。同时，《指示》还赋予了户籍制度更多的权利。从此户籍制度不仅起着人口登记与管理的作用，同时还要肩负对人口流动进行管理的职责。在《指示》实施的背景下，中国初步建立起了城乡二元的经济结构，城乡之间尤其是农村向城市的流动就受到了极大的限制。在此之后，中国城市与乡村之间的边界就不断加强，结束了人口享有自由流动权利的时期。这也导致居民会因为居住地点的不同而带来身份的差异，且这一状况具有先赋性，同时这一先赋的地位还能够传给下一代（张晓敏等，2016）。在此之后，相较于城市居民，农民成为一个受隔离、失去了流动的自由和迁移权利的群体。

三 户籍制度与人口流动紧缩期

《关于制止农村人口盲目外流的指示》政策出台以后，因为户籍的原因，农村居民难以自由向城市流动，全部的生活与工作活动只能在农村地区进行。但在这一阶段中国户籍制度对人口流动的限制还只是单方面抑制农村人口大的迁移，对城市人口向农村的流动没有做过多的限制。因而这一时期由户籍制度带来的城乡分割的状况，只是单方面对农村居民的流动起到了阻碍作用，对城市居民向农村的流动并没有产生大的影响。在《指示》发布以后，中国就不断加强农村与城市间人口流动的管理。

1958年，中国进一步出台了《中华人民共和国户口登记条例》（以下简称《登记条例》）。《登记条例》明确指出，要限制城乡间的人口流动，尤其要加强对农村向城市的流动的管理。这对农村居民本享有的自由迁移的权利再一次产生了负面影响。《登记条例》将与每个人息息相关的户籍登记与管理纳入了法制轨道，对常住人口户口登记、暂住登记、出生、死亡和迁移与变更登记以及法律责任等户籍管理的基本内容作了详细的规定。进一步地，《登记条例》规定："由农村向城市流动的人口必须持有相关的证明，进而才能办理迁移手续。"（陆益龙，2002）因而，《登记条例》就在全国整体的范围内第一次以法规的形式限制了农村居民向城市的迁移（姚秀兰，2004），《登记条例》进一步强化了户籍制度对人口的管理，并再一次紧缩了农村居民向城市的自由流动。《登记条例》的出台只是单方面以法律法规的形式限制农村人口向城市的流动，1959年国务院出台的《关于立即停止招收新职工和固定临时工的通知》和《关于制止农村人口盲目外流的指示的补充通知》，不仅以法规的形式限制农村居民向城市的流动，更是从城市劳动力市场和农村两方面限制农村人口向城市的流动。这两则通知一方面继续强化对农村人口流动的管理，严格限制农村居民向城市的流动；另一方面，两则通知还从城市劳动力市场的角度强化了农村人口向城市的流动，通过减少城市中外来人口的就业机会，有效降低了农村居民向城市流动的意愿。因而，两则通知再一次巩固了户籍制度的人口管理功能，并强化了户籍对人口流动的限制。农村人口向城市的流动变得几乎不可能，农村与城市之间的壁垒也得到了进一步巩固。

由于自然灾害，加上政策调控不当，中国农业人口大幅度减少，这使得中国的农业生产水平急剧下降。农村地区出现大面积的饥荒，城市的粮食供应也出现危机。为应对中国城市和农村地区共同出现的粮食危机、提高中国的农业生产水平，必须提高农业生产过程中的要素投入，其中增加劳动力投入更为关键。在此背景下，中国出台了《关于减少城镇人口和压缩城镇粮销量的九条办法》（以下简称《办法》）。《办法》的核心要点在于严格控制农村人口向城市的流动，鼓励城市人口向农村流动，以增加从事农业生产的劳动力数量。其中《办法》还要求要大幅度减少城市人口，并且在当年就必须要减少相当一部分的城市人口。至此，农村人口向城市的转移依旧非常困难，而鼓励城市人口向农村的流动，也使中国一度出现逆城市化的浪潮。

进一步地，中国于1962年发布的《关于加强户口管理工作的意见》（以下简称《意见》）进一步加深了城市和农村之间的隔阂。《意见》指出，要限制农村人口的流动，尤其是向城市地区的盲目流动。同时，进一步加强对大城市的人口管理，限制农村及其他中小城市人口向北京、上海等特大城市流动。《意见》还要求对城市迁往农村的居民，应一律准予落户，不要对这一部分迁移群体进行控制；对城市之间正常的人口流动，应当予以准许，但是要对小城市向大、中城市迁移的群体规模进行适当的控制。《意见》严格限制了农村人口向城市地区的流动，尤其是农村地区及小城镇人口向特大城市的流动。在此情况下，农村人口向大城市流动的可能性几乎为零。

在重工业优先发展的战略下，城市中的非农就业，包括制造业的就业岗位和服务业的就业岗位难以充分满足城市人口的就业需求。同时，因为缺乏劳动积极性，农村农业生产力呈现不断下降的趋势，农业行业生产力的下降也成为制约中国经济发展的重要原因。为此，中国进一步加快了城市人口向农村地区迁移的进程，不断出台鼓励城市居民向农村地区迁移的政策，甚至出台一系列具有强制意味的政策措施，以加速城市地区人口向农村地区迁移的进程。不难发现，这一时期虽然完全没有对城市人口向农村的迁移以及城市之间的人口迁移做任何限制，但是该时期城市人口向农村的迁移并非完全属于自愿，大多数城市人口向农村的迁移都是通过行政手段强制执行的。特别是20世纪60年代，政府的主导下的"上山下乡"运动使得大量的城市居民迁往了农村地区。这一运动的核心，即政府鼓励城镇青年"上山下乡"，缓解城镇就业及其他方面资源的压力，同时通过向农村地区增加劳动力供给，以着力提高我国整体的农业产出水平。

"上山下乡"运动在中国掀起了人口流动的浪潮，但是这一浪潮是典型逆城市化的。这一阶段只允许城市向农村单方向的流动，严格限制农村人口向城市迁移。而且这一阶段城市人口向农村的流动不是自愿而是被迫的，政府依据行政的手段强制要求城市居民迁往农村。所以在这一阶段城市居民向农村的迁移并没有减弱城乡之间的分隔，甚至进一步强化了城乡之间的分割，农村居民向城市的迁移变得更加困难。

中国在1964年出台的《公安部关于处理户口迁移的规定（草案）》（以下简称《规定》），再一次加强了城乡人口流动的限制。这一次对农村居民向外的流动限制不仅集中在市、县一级的城市，对农村人口向集镇的流动也进行了一定程度的限制。《规定》明确指出，要严格限制农村向集镇、城市的人口流动，同时还要求限制集镇向各类型的大中城市的流动（孙文凯，2017）。《规定》的发布，不仅在城市与农村之间建立起了一道樊篱以阻止农村人口向城市和集镇的流动，并且小集镇向城市的迁移也逐渐变得更加困难。

从这一阶段户籍制度及人口流动政策的实施目的来看，中国在这一时期的人口流动政策不仅对农村人口向城市的流动进行了一定程度的限制，同时还具有典型的逆城市化特征，表现在鼓励甚至强制城市居民向农村地区迁移，以便提高农村的农业产出。这一时期对于农村人口向集镇和城市的迁移、集镇人口向城市的迁移施加了非常大的迁移阻力。甚至在城镇人口非自愿的情况下，用行政手段迫使城市居民迁移。这一逆城市化的人口流动政策与户籍制度的变迁，危害了人口流动的良性发展，也在一定程度上影响了中国在该时期的经济发展。

四 户籍制度与人口流动渐进改革期

随着中国政治体制改革的不断深化，户籍制度及相应的人口流动管理政策也逐渐向农村劳动力向城市流动的城市化方向前进。特别是改革开放以后，因为经济社会发展对人口流动的需要，户籍制度带来的对人口流动的限制越来越变成阻碍经济发展的障碍。由此，户籍制度改革也成为必然。这一阶段，下乡青年回城等带来的农村人口大规模向城市流动，为户籍制度带来严格限制农村劳动力向城市流动的措施打开了豁口。在这一背景下，1977年12月，国务院批转《公安部关于处理户口迁移的规定》（以下简称《规定》），《规定》强调要加强对户口迁移工作的管理，但同时也在一定程度上放松了农村人口向城市的流动，其中《规定》要求放松部分重点人群从农村向城市的流动（陆益龙，2002）。

20世纪80年代，在全国范围推行的家庭联产承包责任制取代了原有的集体所有制，这极大程度地提高了农业的生产效率，解放了大量的农村富余劳动力。这一部分劳动力也逐渐脱离农业生产，不断向城镇流动以寻找非农就业岗位。同一时期，中国逐渐脱离计划经济时期的优先发展重工业战略，转向以经济建设为中心。各乡镇企业如雨后春笋般纷纷出现，而其中绝大部分乡镇企业以轻工业为主，有着更大的吸纳劳动力就业的能力，城镇对劳动力的各种需求愈来愈大。在农村剩余劳动力大量外流和城镇地区对劳动力需求不断增加的情况下，对城乡间人口自由流动提出了更高的要求。

在这一社会经济的大背景下，从《规定》开始，中国就逐渐放松了对城乡间人口流动的管理。虽然这一阶段户籍制度放松的只是农村劳动力向集镇和小城市的迁移,对农村人口与小城镇人口向大、中城市的迁移仍然是严格限制。然而从《规定》开始,中国城乡二元的边界逐渐减弱是不争的事实。因为在此之后农村居民不仅能够有选择地流动,同时还有机会获得城镇及部分小城市的户口。但这一阶段的户籍制度改革并不彻底,只是放松了户籍制度对人口流动的限制,实际上并没有完全放开城市地区的落户限制。虽然消除了农村户籍与城市户籍特征的差异对劳动力流动的限制,但加强了本地户籍与外来户籍的边界。特别是在《规定》之后出台的控制"农转非"指标的措施,这一措施限制了农业人口转为非农人口的数量,强化了人们对于本地与外来户籍存在差异的这一意识。随着中国城市地区社会保障制度的不断健全,本地户籍与外来户籍带来的本地人口与外来人口在城市能享有福利的差异成为越来越严重的一个社会问题。

从《规定》开始直到21世纪初,中国不断加快对户籍制度及人口流动政策的改革。虽然这一时期进行的户籍制度改革也只是小范围、有限的改革,没有进行全面的户籍制度改革。但从这一阶段户籍改革看,依据其不同的改革特征可以将这一时期的户籍改革分为两个阶段:第一个阶段是自1977年《规定》之后到20世纪90年代初期,这一阶段的改革具有明显的计划经济特征,属于计划经济体制内的边际改革;第二个阶段是20世纪90年代初到21世纪初,这一阶段中国提出了社会主义市场经济体制,户籍制度改革也明显具有从计划到市场改变的特征(蔡昉,2010;王瑜、仝志辉,2016)。

(一)第一阶段

在这一时期的户籍制度改革,还是明显具有国家计划的色彩。

这一改革的背景是，城市发展需要大量劳动力，而农村则拥有大量闲置劳动力。因而必然会出现农村剩余劳动力大量向城市转移的现象，这是经济发展的必然选择。为更好地放松对农村剩余劳动力的管理，加速农村农业人口向城市的迁移。1978年中国公安部、粮食部和人事部就联合发布《关于解决部分专业技术干部的农村家属迁往城镇由国家供应粮食问题的规定》（以下简称《规定》）。这一政策允许农村的技术人才向城市的流动，也打破了城乡之间户籍隔离的状况。通过允许部分劳动者向城市的迁移并将户籍从农村户籍转变为城市户籍，实现了城乡间劳动力的自由流动。《规定》虽然打破了城乡之间绝对的户籍隔离，农村户籍转变为城市户籍有了可能。但是这一城乡户籍隔离的缺口，只对部分特殊的农村户籍人口开放，主要包括农村中的高级技术人员及其家属，其目的还是通过转移农村剩余劳动力以满足城市对劳动力的需求，而大部分普通的农村户籍劳动者通过这一政策转变户籍依旧是可望而不可即的。

1979年发布的《国务院批转公安部、粮食部关于严格控制农业人口转为非农业人口的意见的报告》（以下简称《报告》）再一次加强了对农业人口转化为非农业人口的控制。《报告》要求加强对农村人口落户城市的限制，同时紧缩集体所有制单位工作的农业人口向非农业户口的转化（孙文凯，2017）。1981年又发布《国务院关于严格控制农村劳动力进城做工和农业人口转为非农业人口的通知》（以下简称《通知》）。《通知》从食品供应端入手限制了农业人口向非农的转化。这两个通知实际上就再一次加强了对农业人口在城镇落户的限制，虽然允许农业人口在城市务工，但实际上并不承认这一部分群体属于城市居民，意味着流动人口不能享有与城市居民同等的基本公共服务待遇。这在外来人口与本地人口之间产生了隔阂，带来了实际上的不平等。

从1978年《规定》开始,中国逐渐放松了农业人口向城市流动的管理,但是城市的户籍并没有对外来人口尤其是农村向城市流动的人口开放。不管是1981年发布的《通知》还是《中共中央、国务院关于广开门路,搞活经济,解决城镇劳动力就业问题的若干决定》,虽然都在一定程度上放松了农村劳动力向城市的流动,但是都强调要严格控制农业人口转为非农人口,限制农村进城务工人员落户于城市。

但是经济发展对劳动力的需求再一次冲击了中国的户籍制度与本地与外来的户籍差异,挑战了固有的城乡二元分割的状况。这一时期中国飞速发展,而经济的快速发展加大了对劳动力的需求,但现有的城市人口难以满足经济快速发展对劳动力的需求,因而对于农村劳动力的需求进一步加大。但固有的本地与外来的户籍差距,对这一发展起着相当的阻碍作用。农村劳动群体虽然在城市工作,但是没有城市户籍,使其群体难以享受到城市居民等同的机会与待遇,这就造就了城乡之间的不平等,对农村劳动力流向城市工作有较为明显的抑制作用。

对农村流动人口在城市落户严格限制的状况在1984年得到了改变。1984年年初,中共中央发布了《关于1984年农村经济工作的通知》(以下简称《通知》)。《通知》放松了在集镇务工农业劳动者的落户,允许部分农民自理口粮在集镇落户。可以看到,《通知》的发布松动了长期以来对农村人口落户集镇的限制,虽然其只允许符合一定条件的农村群体落户小集镇,但这的确使农村人口在城镇落户打开了豁口(汪继业,2015)。同年10月,中央政府又出台了《国务院关于农民进入集镇落户问题的通知》,允许有条件的劳动者在城镇落户,同时要求地方要做好这一部分新落户群体的服务工作(陆益龙,2002);在真正意义上打开了农村与集镇之间户籍隔离的大门,它对农村户籍向集镇户籍的转变已不再进行过多的限制，允许农村人口自由流向城镇，结束了城乡户籍完全分割的时代，并且以法规的形式为这一部分群体的落户提供依据。

1985年7月颁布的《公安部关于城镇暂住人口管理的暂行规定》指出，要在全国范围内实行寄住证制度，为城市外来务工人员办理寄住证，并在公安部门进行登记。同年，中国颁布了《中华人民共和国居民身份证条例》（以下简称《条例》）。《条例》在全国范围内建立了居民身份证制度，规定居民可凭身份证办理自身相关的权益事务。在早先的户籍制度下，居民身份的证明完全依靠证明一家人的身份及其关系的户口簿，但是户口簿携带不方便，而且是一户一簿，这对于人口流动来说是一个不小的麻烦。但是身份证实行一人一证，突破了在传统户籍制度框架下对人口流动的限制，打破了传统户籍制度下户口簿管理不利于人口流动的局限性。身份证制度配合公安部同年实施的暂住证、寄住证制度，让城市对非本地居民的管理从户到人，使农村的流动人口在非户籍地居住的合法性得到了更好的保障。身份证制度的实施，让中国户籍制度对人口的管理走向了科学，也在一定程度上促进了农村人口向城市地区的流动。

但因为这一时期中国不断放宽对人口流动的管理，导致大量农村剩余劳动力向城市流动，城市的基础设施建设与公共服务供给面临着巨大的压力，就不断有要限制农村地区人口向城市流动的声音。在此背景下，1989年3月国务院发布《关于严格控制民工盲目外出的紧急通知》，强调要限制农村人口的外流，加强了对农村人口向城市流动的管理，开始对人口流动做出一定的管制。同年4月，民政部和公安部联合发布《民政部、公安部关于进一步做好控制民工盲目外流的通知》，要求进一步控制各省份农民工的盲目外流，在必要时可采取强制遣返和劝返务工及就业经商等人员，以控制人口的盲目流动。同时提出运用法律和经济等手段对进城务工的农村劳动力实行有效控制和严格管制。1991年国务院针对农民工流入规模大的广东省，发布了《国务院办公厅关于劝阻民工盲目去广东的通知》，以便减少外来流动人口的规模。

（二）第二阶段

随着中国改革开放的不断深化，仅仅在乡镇层面的户籍制度改革已经难以满足经济社会发展对劳动力的需要。相对于乡镇，县一级及以上规模的城市对劳动力的需求更大，因而更加需要消除农村劳动力向城市流动的壁垒。1992年邓小平南方谈话和党的十四大召开之后，中国开始全面推行社会主义市场经济体制。为了优化资源的配置，更好地发挥市场对资源的配置作用。1992年"统购统销"正式退出了历史舞台，粮油与日用品的票证制度也逐步取消，户口与粮油挂钩的历史至此终结。与此同时，国家也改变了传统意义上流动人口会对城市的基础公共服务带来不利影响的看法，逐渐意识到了流动人口有利于东部沿海地区经济的发展。在此背景下，中国出台的相关户籍政策就开始鼓励和引导农村剩余劳动力逐步向非农产业转移，对城乡之间流动人口的管理从早先的"控制盲目流动"转向"鼓励，引导和实行宏观调控下的有序流动"。

1992年8月，公安部出台了《关于实行当地有效城镇居民户口制度的通知》（以下简称《通知》）。《通知》允许新近外来人员和原来的"自理口粮户"在小城镇和各类经济开发区落户，并办理当地城镇居民户口，也即所谓的"蓝印户口"。同年，浙江、山东、河北等地接连开始试行"蓝印户口"。《通知》放宽了农村居民落户城镇的条件，有效促进了城乡之间的人口流动。但是"蓝印户口"的实施是有范围限制的，只有部分地区才适用"蓝印户口"。而且对于"蓝印户口"的人来说，如果其在获得"蓝印户口"后又进行了迁移，那么因为"蓝印户口"带来的非农身份就会消失。可以看到，虽然"蓝印户口"带来了一定程度上的改革，但是改革的作用有限，允许劳动力自由流动，但是有着程度的限制。

1994年，劳动部颁布《农村劳动力跨省流动就业管理暂行规定》（以下简称《规定》）。《规定》明确指出中国在当前及今后一个时期对流动人口要从更为宏观的层面进行管理，不再从某一特定的城市角度出发管理人口流动，而是需要从省级层面管理跨省流动的劳动力。为更好满足经济发展的需要，1995年，公安部发布了《暂住证申领办法》，以控制大中城市尤其是大城市的流动人口规模。同年7月的"厦门会议"，确立了"因势利导、宏观控制、加强管理、兴利除弊"的流动人口管理指导思想，用以指导现阶段的流动人口管理工作，也表明中国的流动人口管理工作也走向了规范化和制度化。随后的9月，中央社会治理委员会出台的《关于加强流动人口管理工作的意见》（以下简称《意见》）。《1997意见》的主要内容包括：制定了明确的流动人口管理指导思想、主要任务和措施；提出流动人口的管理需要多部门协同参与的思想，并为各部门划清职责；要求流动人口群体规模大的地方建立流动人口管理工作小组协助管理地方的流动人口；明确流动人口在城市居住的各项收费，一律取消非法收费；明确了遣送的条件是外来务工人员但没有暂住证和就业证（尹德挺、黄匡时，2008）。

1997年6月，公安部发布了《小城镇户口管理制度改革试点方案和关于完善农村户籍管理制度的意见》（以下简称《1997意见》）。《1997意见》将农村人口转移居住生活的范围从集镇扩大到县一级的试点，可转移的人员包括在小城镇务工的专业技术人员以及部分有条件落户的人员。《1997意见》进一步放松了对农村居民在城市落户的限制，允许农村剩余劳动人口自由向城市迁移，因而能够在一定程度上缓解城市劳动力不足的问题，同时还有助于加速农村剩余劳动力的转移、提高农业的生产效率。

虽然已经明确规定在流动人口落户城市的条件，但是在实际的落户过程中，还是有着不少的问题需要解决。为解决现实中户口管理的问题，1998年出台的《国务院批转公安部关于解决当前户口管理工作中几个突出问题意见的通知》（以下简称《1998通知》）就对其中的一些问题提出了一些具有针对性的解决方法。《1998通知》指出：凡符合以下条件的群体，均可实现落户，其中新生婴儿的落户与否由其父母决定；老人投靠子女的落户；在城市投资、兴办实业、购买商品房的公民及随其居住的直系亲属准予落户；在城市有合法住房和合法稳定的职业或生活来源准予落户；在城市居住超过一定年份，并符合当地政府规定的群体可以落户城镇。

《1998通知》虽然放宽了城镇落户群体的条件，但受到总落户规模的限制，小城镇实际落户的群体规模是有限的。为更好配置劳动力资源，加快农村农业人口转移到城市就业，中国在2001年出台的《关于推进小城镇户籍管理制度改革的意见》（以下简称《2001意见》）就不再限制小城镇常住人口的数量，允许所有满足落户条件的农村居民落户小城镇。《2001意见》彻底打破了农村人口向小城镇流动的障碍，使得人口能够自由在农村和小城镇地区之间流动，一定程度上满足了人口自由流动的需求。但《2001意见》只是放松了小城镇人口的落户，流动人口在大中城市的落户仍然受到严格的限制。2000年6月，国务院发布《关于促进小城镇健康发展的若干意见》。《2000意见》指出从2000年起允许中国小城镇对有合法固定住所、稳定职业或收入来源的农民工群体给予其城镇户口，并在相当一部分城镇给予本地生活居民等同的待遇。可以看到，《2000意见》的发布与实施不仅有利于促进人口更好地流动，同时还强调了要保障流动人口的基本权利。

通过总结这一阶段的户籍制度和人口流动政策可以看到：一方

面，这一阶段的户籍制度改革主要是在一些小的城镇，特别是在《2001 意见》出台以后，完全放开了农村人口向小城镇的迁移。但是大中城市对于完全放开户籍限制和人口流动的态度仍然谨慎，在一定程度上限制了农村户籍人口在大中城市的落户。然而，现实的情况却是仅仅在小城镇层面的户籍制度改革是完全不够的，随着中国经济的发展，小城镇对于劳动力的需求终将饱和，而对劳动力需求更大的大中城市因为没有完全放开户籍，限制了劳动力的自由流入，制约了城市的经济发展。

另一方面，中国对流动人口管理及户籍的转变，逐渐触碰到了户籍制度背后赋予户籍人口的一些其他方面的好处。比如中国在 20 世纪 90 年代就业冲击的背景下，政府构建了基本的城市社会保障体系，但在当时，这部分社会保障体系只提供给城市的户籍人口，城市其他的常住人口并不能享受到这一部分社会保障。但是《2000 意见》规定非本地户籍人口也同样享有城市的部分公共服务，比如说流动人口子女就有权在本地入学，均等享有城市地区的教育资源，同时流动人口本身也享有本地居民等同的就业和其他的社会保障。这不仅是在宏观层面放松了对流动人口的限制，而且还在改革的过程中强调要保证流动人口的权利，保证流动人口即使没有在城市落户，也同样能够均等享有本地户籍人口享有的城市公共服务与其他的一些社会保障福利等。

五 户籍制度与人口流动加速改革期

2003 年，东部沿海地区首次出现了劳动力短缺现象，也就是"民工荒"。这标志着中国已经出现"刘易斯拐点"，表明中国的农村剩余劳动力不再是无限供给，农村剩余劳动力的数量逐渐走向了稀缺。但对于大中城市来说，一方面，没有完全放开的户籍制度抑制农村劳动力向城市的迁移;另一方面,城市经济的快速发展增加了对劳动力的需要。在这两方面因素的作用下,城市劳动力的工资快速上涨,而用工的成本快速上涨会对城市的经济发展产生显著的抑制作用。

在此背景下,中共中央、国务院在《关于做好2002年农业和农村工作的意见》(以下简称《意见》)中提出对待进城务工农民的十六字方案:"公平对待,合理引导,完善管理,搞好服务"。政府尝试用整体推进的方式来推动户籍制度改革,同时也为各地方政府接纳农民工及外来人口迁移做好思想准备。自《意见》发布以来,中国就不再对劳动力流动做过多的限制,同时,对劳动力流动的行为更多的是让市场机制进行自我调节,而政府逐渐将更多的精力转向了做好流动人口的服务工作。

2003年1月,国务院颁布了《关于做好农民进城务工就业管理和服务工作的通知》(以下简称《通知》)。《通知》要求取消企业雇用农民工的审批制度,取消农民工进城务工的就业和职业工种的限制。要求各地不能干涉企业合法雇用农民工的决策,各行业及工种要对农民工与城市居民一视同仁(尹德挺、黄匡时,2008)。这就相当于剥离了农民工与城市居民在就业机会上的差异,外来劳动力与本地劳动力面临着更为均等的劳动力市场,这也意味着户籍制度改革在逐步消除户籍背后的不公平现象。2004年1月起执行的《工伤保险条例》明确要求各地要将农民工纳入工伤保险的范围,让农民工群体享有更多的与本地劳动力同等的社会保障,进一步打破了户籍制度带来的劳动力市场的不平等状况。2006年3月颁布的《国务院关于解决农民工问题的若干意见》是中国第一份全面的、系统的旨在解决农民工群体面临着更为不利的劳动力市场状况政策文件,涉及农民工工资、就业、劳动保护等方面的措施,保障农民工更大程度地享有与本地劳动者同等的社会保障。

虽然21世纪以来，中国就不再对劳动力流动做更多的限制，但是中国的户籍制度还是在一定程度上阻碍了劳动力流动，尤其是大中城市出于城市基本公共服务供给的考虑对流动人口的落户加以限制。户籍制度带来的不公平现象继续存在。而中国也一直在对户籍制度背后带来的不公平现象进行改革，同时也取得了不小的进展。但是对于户籍制度带来的不均等问题来说，因为其设计的本身就为不同的群体贴上了特有的标签，这一制度在不同地区会带来一系列有差异的问题。所以对于户籍制度问题来说，中央政府运用行政命令"一刀切"是不可行的，不同城市面临的问题是不相同的，因而各城市需要的政策与管理也是有差异的。在这种情况下，中央政府就不断赋予地方在户籍制度改革上更多的权利，让地方政府主导改革其户籍制度。从中央政府宏观实施的户籍制度改革逐步转向了各地实行差异化的管理，在户籍改革放权的背景下地方政府纷纷推出具有地方特色的改革措施。

（一）郑州改革

郑州是中国最早尝试突破城乡二元结构的大城市之一。2001年11月1日起，郑州市开始实行《郑州市人民政府关于进一步完善和落实户籍制度改革政策的通知》（以下简称《通知》），《通知》以"降低落户门槛、吸引高层次人才"为主要内容，旨在推动全面的户籍制度及人口流动管理的改革，不再对城市的人口流动做更多的限制与管理。《通知》将准入落户的人群分为五大类，即购房、投资纳税、亲属投靠、工作入户和大中专院校毕业生入户。为进一步推动更深层次的户籍制度改革，2003年郑州市政府出台《郑州市人民政府关于户籍制度管理改革的通知》（以下简称《2003年通知》），并在当年8月份开始实行。《2003年通知》取消了当时广泛存在的"农业户口""非农业户口"，实行城乡一元制管理，统称为"郑州市居民户口"，允许城乡之间人口自由流动。同时大幅放松了外来务工人员在郑州落户的限制，使得在2003—2004年仅仅一年的时间内，郑州市新办理落户人口超过15万。因为人口的迅速增加，导致城市交通拥堵，教育资源急需大的投入，社会保障部门的压力也日益剧增（胡云生，2004）。因而在2004年8月，郑州紧急叫停这一落户政策，郑州地区实际的落户门槛又重新回到2001年的水平。

可以看到，郑州地区最初制定的户籍改革目标是宏大的，尝试的户籍改革的结果也是比较彻底的，这也是其设置较低的户籍门槛的原因，但郑州地区实际落实的户籍改革实践也是失败了。虽然更低的落户门槛能够有效加速户籍制度改革，也能更彻底地改革户籍制度带来的不平等现象。但因为较低的户籍门槛带来实际落户人员的激增，从而会对地区的基本公共服务供给产生重大冲击。对地方政府的财政会带来严重的冲击，这也是诸多大中型城市一直引以为鉴，不肯较大幅度降低落户准入门槛的原因。事实上，不管是郑州借鉴的奉化市，还是与奉化市同省的湖州市，以及同为人口大省省会的石家庄市，都曾经通过降低入户门槛可控地实现外来人口落户。以奉化和湖州为例，由于并非是省会城市，且城市规模较小，又地处长三角地区，受上海、杭州、宁波等城市影响，吸纳外来人口数量较小。同理，即使作为省会城市，石家庄地处京津冀地区，省内人口可迁往吸引力更强的北京和天津，石家庄的户籍准入压力就远不如郑州这样一个中原中心城市大。

（二）成都改革

早在2003年，成都市就取消了入户指标限制，以条件准入制代替"入城指标"。在户籍登记上要求在城区或城镇具有固定住所的人员，应登记为非农业户口；对有合法住所且有稳定的职业和收入来源的人员，均可根据本人意愿办理城市常住人口，其直系亲属也可以跟随迁移办理城市常住户口；对在城市相应地区进行了一定量的投资人员，其本人与其直系亲属可将户口迁入。成都市在2004年就在全市范围取消了农业户口和非农业户口的区别，统一登记为居民户口。在2006年又进一步放开了本市农民向城市的落户，凡是在城市取得合法产权住房并实际居住的，或连续租用统一规划修建的出租房并在同一住房居住一年以上的农村居民可登记入户。同时还放宽了对外市人员入户的限制，对于购房入户的外来人员，只用出示劳动管理部门认可的与本市用人单位签订的劳动合同以及社保部门出具的在本地连续缴纳社保一年以上的证明；对于投资入户与人才引进政策也进行了一定的调整，整体上外来人员入户成都户籍较之以往限制更少，入户条件更为轻松。2008年，成都市全面放开本市农民到城镇登记入户政策，农村居民在城镇租住成套私人合法产权住房也可登记入户，同时，进一步放宽外来人口的入户条件。在这一阶段，成都市为消除城乡分割的户籍制度，打破因户籍制度所带来的限制人口与劳动力自由流动，一直在做政策上的阶段性调整。

成都市为彻底破除城乡"二元"结构，消除户籍制度带来的身份识别和权利不平等问题，于2010年出台了《关于全域成都城乡统一户籍实现居民自由迁徙的意见》。在全市范围内建立了以身份证号码为识别依据的市民个人信息管理系统，消除了附着在户籍上的城乡居民就业、社保、住房保障、社会救助、计划生育、义务教育、职业教育、政治民主权利、义务兵家庭优待9个主要方面待遇的不平等，破除了长期以来农村人口向城市流动的限制，首次实现了城乡双向自由迁移。

户籍制度改革是一项系统性的工程，不仅需要长期统筹城乡发展的基础，城乡经济发展、资源配置做到统筹规划，而且需要建立相关配套制度以保证城乡居民在统一户籍制度内享有平等的公共服务、社会保障和权力。所以成都市不仅改革相应的户籍制度，在其他的方面也同时做了与户籍制度改革相匹配的政策调整。第一，成都市建立了户口登记地与实际居住地统一的户籍制度；第二，建立并完善社会保险制度，并且这一社会保险制度在城乡之间完全相同；第三，统一就业失业登记，完善失业援助制度；第四，建立分区域统一的住房保障体系；第五，实现了义务教育公平化；第六，分区域统一城乡的"三无"人员供养标准和低保标准，实行统一的退役士兵安置补偿和城乡义务兵家庭优待政策；第七，建立城乡统一的生育政策；第八，统一户籍后，保证城乡居民在居住地及户籍所在地享有同等的政治权利。这一系列相应的配套政策，为完善户籍制度调整，落实户籍制度改革相应政策的实施，起着相当大的作用。

通过分析成都市户籍制度改革的过程可以看到如下特征：第一，其打破了户籍制度对于劳动力自由流动的限制，实现了城乡之间人口的自由流动，这也就为后续户籍制度改革的推进做好了基础；第二，成都市的户籍制度改革保证了农民的合法权利，成都市的城乡户籍制度改革，并没有要求农村居民以放弃承包地、宅基地等财产权利为代价进行迁移，通过保证农民的合法权益，更好、更有效地推动了户籍制度改革；第三，破除了长期附着在户籍上的城乡基本公共服务和社会福利、权利的不平等，实现了消除户籍制度背后的基本公共服务不均等现象。

成都户籍改革整体进展顺利，取得了明显成效，积极地推动了城乡统筹发展。但同样的，成都户籍改革也同样面临不小的挑战，对成都不断深入的户籍制度改革产生了较大的负面影响。户籍制度改革所带来的地方财政支出日益扩大是户籍制度改革带来的一个显著负担。一方面，户籍制度改革推动了城乡居民各项基本公共服务差距逐渐缩小，带来日益增大的财政支出；另一方面，越来越多的非本市户籍人口落户到该城市，必然导致地方公共服务支出的额外增加。在人口老龄化趋势不断加剧的背景下，地方社保等支出必然也需要不断增加。在同时面临户籍制度改革深化带来的支出扩大和人口老龄化产生的社会保障支出上升的挑战下，这对地方的财政可承受能力是一个巨大的挑战。

（三）重庆改革

2007年，重庆市发布了《重庆市关于发展劳务经济促进城乡统筹的意见》（以下简称《意见》）。《意见》触及了城乡劳动力二元分隔的状况，为重庆市的户籍制度改革打开了大门。重庆市正式开启户籍制度改革是在2010年发布的《重庆市人民政府关于统筹城乡户籍制度改革的意见》《重庆市户籍制度改革配套方案》中体现的，这两则通知有条件地允许部分流动人口落户重庆：一是有条件的农民工和新生代农民工，其中的新生代农民工包括农村户籍的大中专学生和农村退役士兵；二是允许外来户籍人口通过购房、投资等途径，获得城市户籍。这样就允许本地居住农村人口以及外地户籍人口落户重庆，正式开始了重庆市的户籍制度改革。但是这一时期的户籍制度改革还只是将注意力放在人口的自由流动上，关注的重心还是因为户籍制度抑制了劳动力在城乡之间以及城城之间的自由流动，并没有触及因为户籍制度本身带来了福利不均等分配等深层次问题（张焕英、曾晶，2017）。

2015年9月，重庆市发布了《重庆市人民政府关于进一步推进户籍制度改革的实施意见》。这在全市范围内消除了城市居民与农村居民户籍的不同，所有的城乡居民统一登记为居民户口，在这个基础上，依据"居住证"制度，推动常住人口基本公共服务均等化。使得在重庆市居住的外地户籍人口能够享受到本地户籍人口在就业、教育等方面的城市公共服务，这一方面的户籍制度改革就表现得更为彻底。虽然重庆对附着在户籍背后的基本公共服务不均等的现象进行了较为彻底的改革，消除户籍带来的不平等。但是实际上重庆地区的落户门槛依然较高，实际能够落户的人群只有少数条件较好的流动人口群体，而对于绝大多数低收入的农民工群体来说，获得重庆户籍仍然是可望而不可即。

（四）上海改革

上海在实行积分落户以前采用的是居住证制度，即为长期在上海工作生活的外来人口颁发居住证，为外来人口在沪工作、生活让渡部分本地居民才能享有的城市福利。2004年以前，上海相关的居住证落户政策多用于引进外来优秀人才，激发城市发展的创造力。2004年10月1日，《上海市居住证暂行规定》（以下简称《暂行规定》）开始实施，申领对象从原来的"规定优秀人才"转变成为在沪有稳定工作和住所的在沪外来人员，这就能够让更多的人享有部分城市公共福利。相比引进人才的居住证制度，《暂行规定》明确能拿到居住证的居民可享有城市公共福利要少于通过"引进人才"通道进入上海的外地人口。

2009年2月，上海市出台《持有〈上海市居住证〉人员申办本市常住户口试行办法》（以下简称《试行办法》）。《试行办法》打通了居住证到城市常住人口的转换路径，符合一定要求的外来人口可通过持有上海市居住证办理上海市常住户口，《试行办法》对持居住证时间、参与社会保险时长、缴纳所得税、职业资格和专业工种以及无计划生育和治安管理处罚记录都有所规定，其中要求外来农民工取得相应的职业资格和专业工种的规定将绝大多数农民工排除在外。等同地，此规定也在激励农民工提高自身人力资本水平，直到符合《试行办法》的要求。

2016年4月25日，上海公布《上海市人民政府关于进一步推进本市户籍制度改革的若干意见》，再度重申"常住人口规模控制在2500万以内"的目标，同时明确立足本市实际，积极稳妥地完善落户，逐步建立积分落户政策。但降低入户门槛的"开口子"式改革方案只是破题，如何剥离户籍与教育、医疗等社会保障和福利、如何实现农村人口有序进城落户、如何保护转户农民的财产性权益等深层次问题尚未真正触及。上海的户籍制度调整中还是注重人才落户，强调以"合法稳定就业、合法稳定居住"为基本条件，以能力和贡献为导向，突出人才的市场发现、认可、评价机制，进一步完善人才落户政策，优化特殊人才引进通道，做好非上海生源应届毕业生落户和留学生落户政策的平衡衔接。在此基础上，完善居住证、居住证转办常住户口、直接落户政策，在此基础上，逐步建立积分落户政策。根据综合承载能力和经济社会发展需要，以具有合法稳定就业和合法稳定住所、参加城镇社会保险年限、连续居住年限等为主要指标，合理设置积分分值。同时，取消本市农业户口与非农业户口性质区分，统一登记为居民户口。调整并逐步完善与统一城乡户口登记制度相适应的教育、卫生计生、就业、社会保障、住房、土地及人口统计制度。进一步健全以居住证为载体的基本公共服务和便利提供机制。建立健全基本公共服务体系的基础制度，形成上海统一的基本公共服务项目清单。持有上海市居住证的居民按照规定享有义务教育、社会保险、住房、基本公共卫生、计划生育、证照办理、资格评定等服务待遇，促进社会保障和基本公共服务从户籍向居住证转移。

（五）广东改革

广东模式，具体来说就是积分落户的户籍改革模式。广东省的积分落户政策最早试行于广东省中山市，在此之前广东省地方城市主要实行的是居住证制度。2009年10月，积分落户制度在中山市开始试行，次年，广东省政府实施《关于开展农民工积分制入户城镇工作的指导意见（试行）》（以下简称《指导意见》），标志积分落户制度在广东全境开始落地。《指导意见》中将可落户对象限定在广东城市办理居住证、缴纳税款和社会保险，并已有就业登记记录的广东省内农村人口。广东省通过统筹并分配全省可入户人口数指标，指标下放到地市后由地市政府根据当地情况统一派发；而积分打分制度也由省内公共标准和地市标准两部分组成，既能体现引导外来人口落户的精神又能结合地方治理的基本需要，同时也向民众展示；积分制度更加能体现其灵活性质的是划线入户，即通过各地制定相应的落户标准线，调控各地区落户人数。广东省全省人均收入处在全国前列，但是广东省内部也存在着不均衡，珠三角地区较内陆地区的户籍对农村人口更有吸引力，同样珠三角地区较内陆地区的积分准入线也更高。积分落户的户籍改革方式由于其灵活且较为透明的准入方式，现已在全国多个大中城市开始推广，服务对象已不局限于农村地区人口，更多的是面向全国各地的外来人口。

户籍制度改革的推进，不仅在城市层面进行着，在各省也同步进行着相应的户籍制度改革，但考虑到其地方的独特因素，各地推进的户籍制度改革程度是不同的。从表1-1可以看到，大部分省份相应进行的户籍制度改革普遍在2010年前后。但也可以看到，东部沿海地区户籍制度改革普遍开始得较早，特别是江苏、浙江等经济更为发达的地区，在2002年前后就已经进行了户籍制度改革。同时从各地区推进的户籍制度改革程度上看，东部沿海地区进行的户籍制度改革比较彻底，而像北京、上海等发达的直辖市，户籍制度的改革力度则相对较小。中部和西部的省份改革的程度差异较大，有些省份改革得比较彻底，但是也有的省份进行的户籍制度改革程度轻、力度小。无论是进行彻底的户籍改革，还是进行程度轻的改革，各省都已经在进行户籍制度改革，这说明在整体上已经有了户籍制度改革的共识,但是对于户籍制度改革的程度,不同地区有着各自的看法。

表1-1　　　　　各省户籍制度改革的基本情况

		进行户籍改革的最近年份	户籍申请的范围:1 大城市、2 中等城市、3 小城市(镇)	是否实行城乡统一的户口登记制度
直辖市	北京	2002	3	否
	重庆	2010	1、2、3	是
	上海	2009	1	否
	天津	2009	3	否
东部省份	河北	2010	1、2、3	是
	辽宁	2009	1、2、3	是
	江苏	2002	1、2、3	是
	浙江	2002	1、2、3	是
	福建	2001	1、2、3	是
	山东	2004	1、2、3	是
	广东	2010	1、2、3	是
	海南	2011	1、2、3	是
中部省份	山西	2007	3	是
	吉林	2010	1、2、3	是
	黑龙江	2009	2	是
	安徽	2011	1、2、3	否
	江西	2011	3	否
	河南	2005	1、2、3	是
	湖南	2009	1、2、3	是
	湖北	2008	1、2、3	是

续表

		进行户籍改革的最近年份	户籍申请的范围：1 大城市、2 中等城市、3 小城市（镇）	是否实行城乡统一的户口登记制度
西部省份	内蒙古	2006	1、2、3	是
	四川	2010	2 和 3	是
	贵州	2009	1、2、3	否
西部省份	云南	2008	1、2、3	是
	西藏	2001	1、2、3	否
	陕西	2009	1、2、3	是
	甘肃	2003	1、2、3	否
	青海	2011	1	是
	宁夏	2011	1、2、3	否
	新疆	2011	3	否

可以看到，21世纪以来，中国对劳动力流动一直遵循着市场管理的原则，基本上已经不再对劳动力流动设置人为的障碍。因而中国一直着力于改革现有的户籍制度，尤其是改革户籍背后附带着的基本公共服务不均的状况。2011年，国家颁布了新的户籍改革制度，即《国务院办公厅关于积极稳妥推进户籍管理制度改革的通知》（以下简称《通知》）。《通知》在全国范围内提出了新的户籍管理的政策取向，并明确了非城市户籍向城市户籍转变的条件：在县级市市区、县人民政府驻地镇和其他级别的镇，有合法的职业、稳定的住所；在设区的市（不含直辖市、副省级市和其他的一些大城市），有稳定的工作并且工作了三年以上、有稳定的住所并且缴纳的社保达到一定年限；城镇综合承载压力大的地区可以加进户籍制度，中西部地区可以放宽；而直辖市、副省级市和其他大城市继续控制人口规模，进一步完善城市的落户政策（魏后凯、盛广耀，2015）。这进一步明确了当前及今后一个时期，中国户籍制度改革的方向。

六 新时代户籍与人口流动改革期

2012年11月，党的十八大报告提出"要加快改革户籍制度，有序推进农业转移人口市民化，努力实现城镇基本公共服务常住人口全覆盖"。党的十八大报告明确指出新时代的人口管理目标和政策取向在于高质量城市化的推进。高质量城市化目标中的"高质量"体现在与以往的城市化目标相比，高质量的城市化不仅满足于城市常住人口城市化率的提高，在实现高质量城市化的过程中更加注重提高城市中户籍人口城市化率的提高。因而在实现高质量城市化的过程中，各个城市、地区要更加注重对户籍的改革，放宽落户条件，让更多居住于城市的外来农业流动人口和其他非城市户籍的流动人口获得本地户籍，享受与本地居民同等的基本公共服务和社会保障等福利。推动高质量的城市化建设也意味着这一时期的户籍制度改革更加注重解决由户籍制度本身带来的城市基本公共服务不均等分配的问题。因而，新时代的户籍改革过程中更加强调城市的基本公共服务要覆盖城市常住人口，避免因为由户籍制度的存在而导致出现的不公平现象。

为顺应新时代的城市化目标，进一步推进高质量城市化的改革，中国在2013年发布了《国务院办公厅关于积极稳妥推进户籍管理制度改革的通知》（以下简称《通知》）。政策的核心内容在于继续鼓励农村人口向城市迁移，推进高质量城市化的发展。《通知》指出地方政府要注意在推进户籍人口城市化的过程中注重地区的承载能力，不能不顾城市的综合承载能力，一味放宽落户条件。《通知》还要求地方政府要有序引导地区非农产业和农村人口有序向中小城市和建制镇转移，逐步满足符合条件的农村人口的落户需求，以实现高水平、高质量的城市化。虽然中国新时代的城市化目标在于提高户籍人口城市化的水平，如《通知》中强调的要继续鼓励农村人口向城市的迁移，允许符合条件的农村人口的落户需求。但是在这一阶段中国的城市化建设还是非常谨慎，如在《通知》中进一步强调在城市化推进的过程中要注重地区基本公共服务的承载能力，不能一味地放宽城市或地区的落户条件。说明中国虽然意识到户籍制度改革能够带来积极的经济社会效应，但对于加速户籍改革可能带来的负面效应也比较重视，故而在改革的过程中进一步强调有序推进户籍人口城市化。

2013年11月，党的十八届三中全会提出，要推进农业转移人口市民化，逐步把符合条件的农业转移人口转为城镇居民。同时要求各地区创新人口管理，加快户籍制度改革，全面放开小城市的户籍，有序放开大中城市的落户限制。十八届三中全会就为当前及未来一段时间的户籍改革工作定了基本的基调，完全放开小城市的户籍制度并允许所有符合落户条件的流动人口群体在城市落户，大中城市的户籍则是有序放开，允许部分符合城市制定的落户条件的流动人口群体落户。同年12月，在"中央城市化工作会议"上，进一步明确要求要推进以人为本、以人为核心的城市化，提高城镇人口素质和居民生活质量，把促进有能力在城镇稳定就业和生活的常住人口有序实现市民化作为重要任务。可以看到，自党的十八届三中全会与中央城市化工作会议以来，中国的户籍制度改革定下了全面加速推进中小城市的人口城市化率，稳步有序推进大城市的城市化进程，针对不同类型的城市提出了不同的户籍改革措施与改革目标。

2014年3月，国家发布了《国家新型城镇化规划2014—2020》（以下简称《规划》）。《规划》指出有些城市过于追求高的城市化率，导致在推进城市化过程中出现了一系列问题。针对部分城市在推进城市化过程中所出现的一些问题，《规划》再次强调有序推进城市化。各类城市要因地制宜制定具体的农业转移人口落户的标准，引导农业人口在城镇落户的预期和选择。针对部分城市在推进城市化过程中忽视了流动人口随迁子女的问题，《规划》强调要保障流动人口随迁子女的权利，尤其是要保障其受教育的权利，扩大城市社会保障覆盖面，改善城市的基本医疗卫生体系，要坚决落实以人为本的城市化，建立健全农业转移人口及其他非农人口的市民化推进机制。《规划》要求各城市在城市化的过程中要遵循渐进的原则，不能操之过急，但同时对那些消极应对城市化的城市又再一次强调了要大力推进新型的城市化，着力推进高质量的城市化。从《规划》可以看到，这一时期推进的城市化改革进一步强调了各地在推进户籍制度改革的过程中，要保证非城市户籍的常住人口均等享有城市提供的基本公共服务的权利，这一举措进一步保障了流动人口在城市化过程中享有的基本公共服务的权利。

同年 7 月，国务院印发《国务院关于进一步推进户籍制度改革的意见》（以下简称《意见》）。《意见》指出，要贯彻落实党的十八大、十八届三中全会和中央城市化工作会议关于进一步推进户籍制度改革的要求，促进有能力在城市稳定就业和生活的农业和其他常住人口实现市民化。按照《意见》的目标，到 2020 年城市常住人口城市化率要达到 60%，户籍人口城市化率与常住人口城市化率差距缩小两个百分点左右，努力实现 1 亿左右农业转移人口和其他城市常住人口在城镇落户。从《意见》中看到，中国大力推进的户籍制度改革不仅仅停留于政策层面，而是将户籍制度改革进一步落实，并设定了一个总体的城市化目标。这样一来，各地实施的户籍改革政策就不再是盲目的，而是有了一个明确的政策目标。

2015 年 5 月，国务院发布了《国务院批转发展改革委关于 2015 年深化经济体制改革重点工作意见的通知》（以下简称《通知》）。《通知》指出，经济结构不合理制约了经济的持续健康发展，要优化经济结构，必须加快改革，充分发挥市场在资源配置中的决定性作用。其中户籍制度严重制约了我国劳动力的最优配置，制约了城乡经济发展，必须加快实施户籍制度改革，推进城市化体制创新，同时出台居住证管理，以居住证为载体提供基本公共服务。这一政策的落实，表明中国政府更加注重在户籍制度改革过程中消除户籍制度背后带来的基本公共服务与城市福利不均等的现象，也进一步意识到了非城市户籍的流动人口难以享有与本地户籍人口均等的基本公共服务和城市福利，抑制了劳动力向城市的流动，这一由户籍带来的对劳动力流动产生的负面抑制作用抑制了经济社会的良性发展。

2016年1月1日，国务院出台的《居住证暂行条例》正式开始实施，在全国范围迎来实质性推展阶段。《居住证暂行条例》规定，公民在离开常住户口所在地，到其他城市居住半年以上，符合有合法稳定就业、合法稳定住所、连续就读条件之中任意一个的，可以依照本条例的规定申领居住证。居住证能作为持证人在居住地有权享有城市基本公共服务权利的证明，有效保障了城市常住人口的基本权利。可以看到，居住证是被赋予了"公平"和"发展"双重意义的制度安排，是中央政府出台的落实放宽户口迁移的重要政策措施，有利于推进基本公共服务均等化，消减城乡差别，促进劳动力资源的自由流动和市场配置，推动社会和谐发展，对于个人和国家都具有非常重要的作用。

《居住证暂行条例》的出台是解决城市化难题的一项重要举措。一方面，其能够实现城市人口管理的功能；另一方面，其基本能够实现基本公共服务城市常住人口全覆盖的这一目标，居住证持有人享有与当地户籍人口同等的城市公共服务。在居住证制度颁布之后，城市的基本公共服务不再仅仅提供给城市的户籍人口，持有居住证的城市非户籍人口也同样能够享有城市的基本公共服务。这就打破了因提供城市基本公共服务而造成的城市化进程减缓的局面，无论是户籍人口，还是居住证持有者，都合法享有城市的基本公共服务。这样，因为户籍制度改革带来的户籍人口增加导致财政支出的增加就不再成为城市化推进过程中的困扰，因为持有居住证的居民能够依法享有城市的基本公共服务。但这也带来了一定的问题，那就是城市在颁发居住证的时候更为谨慎。

在实施居住证制度后，中国的户籍人口城市化的进程有着明显的加速。在明确了居住证持有者依法享有城市基本公共服务和福利时，城市基本公共服务基本实现城市常住人口全覆盖，但是一些关键性的基本公共服务仍然对非本地户籍的流动人口有着一定的排他性。在此背景下，国务院在2016年进一步出台了《关于深入推进新型城镇化建设的若干意见》（以下简称《意见》）。《意见》进一步强调要加快推进户籍制度改革，全面实施居住证制度，推进基本公共服务城市常住人口全覆盖，加快建立农业转移人口市民化的激励措施（孙文凯，2017）。《意见》指出，要坚持走以人为核心的新型城市化道路，以人的城市化为核心，将提高城市化的质量作为关键，大力推进体制机制改革，围绕城市化的目标，加快提升城市的综合承载能力以推进户籍制度改革。《意见》的提出，有效加快了中国的城市化步伐，对于中国新型城市化建设有着显著的推动作用。

随着经济的不断发展，中国意识到城市化是经济发展的必然趋势，只有顺应经济发展的这一趋势，才能更好地发展经济。为更好顺应这一经济发展的大趋势，2016年国务院办公厅发布了《国务院办公厅关于印发推动1亿非户籍人口在城市落户方案的通知》（以下简称《通知》）。《通知》指出，除少数超大城市外，全面放开农业转移人口落户条件，大城市和特大城市要完善落户政策。《通知》的发布，加速打破了城乡之间的户籍壁垒，为城乡之间劳动力的自由流动创造了条件。《通知》还明确要求"十三五"期间，户籍人口城市化率每年平均要提高1%以上，每年平均转移户籍人口1300万以上。到2020年，中国户籍人口城市化率要达到45%，各地区户籍人口城市化率与常住人口城市化率差距比2013年缩小2%以上。

2017年1月，国务院印发《"十三五"推进基本公共服务均等化规划的通知》（以下简称《通知》）。《通知》明确了基本公共服务是保障全体公民生存和发展的由政府提供的公共服务，应当尽可能地保障全体公民享有基本公共服务的权利。可以看到，《通知》更加注重推动全民层面的基本公共服务均等化。而城市基本公共服务均等化推进的困难，正是制约中国户籍制度改革进度的最大弊端所在。

2019年4月8日，国家发展改革委印发《2019年新型城镇化建设重点任务》（以下简称《重点任务》），再一次强调要加快农业转移人口市民化，积极推动已在城镇就业的农业转移人口落户，同时要进一步推进城市基本公共服务城市常住人口全覆盖。《重点任务》指出，要继续加大户籍改革力度，在此前城区常住人口100万以下的中小城市和小城镇取消落户限制的基础之上，城区常住人口100万—300万的城市也要全面取消落户限制；城区常住人口300万—500万的大城市要全面放开落户条件，并全面取消重点群体落户限制。针对户籍改革的地区差异，在户籍制度改革的同时，深化"人地钱挂钩"等配套政策，以加快推动户籍改革成本较大地区的改革。

2019年4月15日，国务院印发《关于建立健全城乡融合发展体制机制和政策体系的意见》（以下简称《意见》）。《意见》指出，要建立健全农村与城市双向人口流动机制。放松农村劳动力向城市流动的同时，也要鼓励城市高技能劳动者向农村流动，加速农村地区的经济发展。同时,《意见》还出台了一系列旨在减少农村人口向城市流动的担忧。如进一步改革农村宅基地制度等,保障了农村人口向城市流动后在农村地区原本应当享有的权利。其次,《意见》还进一步强调了农村人口在流入城市后的在教育资源、医疗、卫生服务等方面能够享有的权利。可以看到,《意见》不仅强调要加速人口城市化的推进,也进一步强调了在推进人口城市化的进程中不能忽视农村地区的发展,要一手抓城市地区的发展,一手抓农村地区的发展,只有这样才能更好地推进中国经济社会的发展。

2019年12月25日,国务院印发《关于促进劳动力和人才社会性流动体制机制改革的意见》(以下简称《意见》)。《意见》指出,要实现经济健康、持续发展,必须要实现合理、有序的社会性流动,其中的关键在于破除妨害劳动力、人才社会性流动的体制机制弊端,使人人都有劳动的机会,人人都能通过劳动以实现自身的发展。要消除妨碍劳动力自由流动的制度,需要从如下方面入手。一方面,要通过户籍制度和城市基本公共服务均等化,确保消除劳动力自由流动的制度障碍,保证城市常住人口享有本地居民同等的基本公共服务;另一方面,要加速用人制度改革,以档案服务改革畅通个人的职业转换。影响劳动力自由流动的根本在于流动人口能否享有与本地户籍人口同等的权利,其中能否享有同等的就业权利是最重要的方面之一。因而加速就业改革,同样将有助于劳动力的自由流动。可以看到,在城市化加速改革的过程中,改革不仅关注本地居民与流动人口在基本公共服务的不均等状况,并进一步考虑本地人口与外来人口在就业领域的不均等状况。

受新冠肺炎疫情的影响,世界各国均采取了大面积的居家隔离、减少就业的相关政策举措,这对全球经济带来了严重的不利冲击。在此背景下，中国的经济同样面临着不利的发展条件。为应对疫情带来的对经济发展的不利影响，更大程度地发挥城市化对经济发展的积极作用，中国出台了多部旨在加速城市化发展的政策措施。其中2020年4月国家发展改革委印发了《2020年新型城镇化建设和城乡融合发展重点任务》（以下简称《重点任务》），这一措施在已有政策的基础上进一步放宽了城市的落户条件。《重点任务》从加快户籍改革、加速人口城市化和提高城市化的质量的角度，提出了各地在推进户籍改革进程中需要更加注意的要点。《重点任务》强调，要从提高农业转移人口市民化的质量为基本提高城市化质量，强调城区常住人口300万以下的城市全面取消落户限制，城区常住人口在300万以上的城市要消除重点人群的落户限制，进一步便捷农业转移人口与城区非本地户籍人口在城市的落户。

2020年5月11日，国务院印发《关于新时代加快完善社会主义市场经济体制的意见》（以下简称《意见》）。《意见》指出，要继续深化户籍制度改革，放开除个别超大城市外的城市落户限制，探索城市群内户口迁移、居住证互认制度，并提出推动公共资源由按城市级别配置转向按实际服务管理人口规模配置转变。从公共资源由城市级别转向城市人口这一点可以看到，中国更加注重在户籍制度改革过程中的不平等问题。在推进户籍制度改革的过程中，重点在于推进城市常住人口市民化。但在城市常住人口市民化的过程中，城市的基本公共服务相关的支出必将有着大幅度的增加，而不同地区需要改革的群体规模存在着较大的差异，故而这会使得在户籍改革过程中出现不平等的现象。而推动公共资源分配由城市级别向城市常住人口规模的转变，能够有效克服由改革人数差异带来的不均等问题，同样也有助于加快中国实际的户籍改革的进程。

七　总结

总结自中华人民共和国成立以来的户籍制度与人口流动政策，可以看到中国的人口流动及户籍改革政策演进基本是沿着宽松—逐渐紧缩—渐进放松—完全放开这一大趋势进行的。在这总趋势下也不乏细微的波动，特别是在中国经济转型的时期，中国的人口流动政策也随之进行了相应的调整，这一时期的人口流动政策对人口流动管理的波动幅度相对更大。中国的户籍制度的调整也具有与人口流动政策相同的变化趋势，随着中国户籍制度的产生、发展和完善，再到最后户籍制度被赋予人口管理的功能，户籍制度对人口的落户管理方向大致与人口流动政策的方向相同。

中华人民共和国成立初期，中国就允许城乡人口自由流动，特别是中华人民共和国第一部宪法的颁布，明确以法规的形式保证了中国公民依法享有自由的迁移权利。这一时期中国劳动力配置的优化，也为经济快速恢复作出了重要的贡献。然而，随着中国第一个五年计划的提出，中国经济社会发展的目标转向了以重工业为主的发展模式。同时，因为当时的中国还是一个农业国，缺乏发展重工业必需的大量的资本，攫取农业的剩余成为发展城市重工业的唯一手段，加大农业生产的投入也成为必然。

但"三年自然灾害"大幅减少了从事农业生产的人口，中国的农业产出水平大幅下降，农业生产效率降低。但为了继续发展城市重工业，就必须要提高农业的生产水平。因而，中国就逐渐开始限制农村人口向城市的流动，鼓励甚至强制城市居民迁往农村，从事农业生产。这在中国掀起了一股逆城市化的浪潮。

在中国明确了以经济建设作为社会发展的核心目标后，中国实行了改革开放的举措。伴随着家庭联产承包责任制在全国的推行，极大程度地将农村剩余劳动力从农业生产中解放出来，同时改革开放带来的乡镇企业迅速发展增加了对劳动力的需求，需求与供给两方面的作用使农村劳动力不断向城市流动，全国范围内的流动人口群体规模也不断扩大。虽然这一时期国际上的经济不稳定对中国经济产生了大的冲击，影响着中国劳动力流动的趋势。但外部的冲击对中国劳动力流动的抑制只是暂时的，在一个较短的时间内中国就再一次放松了对流动人口的管理。

在中国经济发展最终走向以市场为配置资源最主要手段的同时，中国对劳动力流动的管理也更加趋向市场化。对劳动力流动政策性的限制不再成为抑制中国劳动力自由流动的因素，户籍制度越来越成为影响中国劳动力自由流动的主要影响因素。随着经济的快速发展，中国居民对社会保障的需求也越来越大。在这一背景下下，中国就根据户籍为居民提供对应的基本社会保障。而依据户籍提供的社会保障，更多地将资源倾向了城市，城市户籍人口能够比其他户籍人口享受到更多的社会保障资源，即使是城市的常住人口，只要没有城市的户籍，就不能享受到与城市居民等同的社会保障水平。因而自21世纪以来，中国的户籍改革进程就在推进基本公共服务城市常住人口全覆盖的道路上不断前行。

附录　户籍制度与人口流动政策变迁

改革时间	政策条例	主要内容/目的
户籍制度与人口流动宽松期		
1950年	《特种人口管理暂行办法》	目的在于防止反动分子做出危害国家与社会安全的活动，维护中华人民共和国成立后的国家与社会安全
1951年	《城市户口管理暂行条例》	统一了城市户口的登记和管理，为国家的社会管理和经济建设提供人口资料

第一章　中国户籍制度改革与人口流动政策变迁　41

续表

改革时间	政策条例	主要内容/目的
1953 年	《中共中央关于粮食统购统销的决议》	所有家户的粮食及其他的农副产品均由国家收购，特别是一些经济作物，不允许私下买卖粮食及农副产品。剥离农业生产剩余以支持重工业发展，抑制了农业人口的迁移动机，妨碍了农业人口的自由流动
1953 年	《市镇粮食定量供应暂行办法》	明确规定城镇居民购买粮食需要凭粮票定量购买，粮食、粮票的转移也受到相应的管理，就从需求侧控制了城镇居民对粮食的需求，更进一步降低了人口的流动动机
1954 年	《中华人民共和国宪法》	明确规定凡属于中华人民共和国公民均依法享有自由迁移的权利，确保了人口流动的合法性
1955 年	《关于城乡划分标准的规定》《关于建立经常户口登记制度的指示》	明确将中国居民划分为农业生产人口和非农业人口，在中国初步建立起了统一的户籍制度，完善城乡人口的登记，提高了户籍人口管理效率
1957 年	《关于制止农村人口盲目外流的指示》	要求各地户口管理部门严格户籍制度的管理，制止农村居民盲目外出打工
户籍制度与人口流动紧缩期		
1958 年	《中华人民共和国户口登记条例》	不仅将个人层面的户口登记与管理纳入了法制轨道，而且对常住人口的户口登记等户籍管理的基本内容作了详细的规定，以法规的形式限制了农村居民向城市的迁移
1959 年	《关于制止农村人口盲目外流的指示的补充通知》《关于立即停止招收新职工和固定临时工的通知》	这两则通知加强了对农村人口外流的管理，减少了农村人口的外流，在城市的层面控制了人口流动，同时还限制外来人口在城市的生活
1961 年	《关于减少城镇人口和压缩城镇粮销量的九条办法》	要求三年内减少 2000 万人以上的城镇人口，1961 年内就必须减少 1000 万人以上
1962 年	《关于加强户口管理工作的意见》	严格控制农村人口向城市的流动，对于城市之间的流动有一定程度的放松，但限制了小城市向大城市的流动

续表

改革时间	政策条例	主要内容/目的
1964 年	《公安部关于处理户口迁移的规定（草案）》	加强了农村人口外流的限制，而且将农村人口流动的限制扩大到了集镇
户籍制度与人口流动渐进改革期		
1977 年	《公安部关于处理户口迁移的规定》	严格控制农业人口向非农人口的转化，严格控制人口向大城市的流动，适当控制农业人口向小城市的流动
1978 年	《关于解决部分专业技术干部的农村家属迁往城镇由国家供应粮食问题的规定》	放松了技术工人及其家属从农业向非农的转移
1979 年	《国务院批转公安部、粮食部关于严格控制农业人口转为非农业人口的意见的报告》	要求加强对农业人口迁入城镇的控制，同时，各集体所有制单位不能随意将农业人口转化为非农业人口
1981 年	《国务院关于严格控制农村劳动力进城做工和农业人口转为非农业人口的通知》	加强了对户籍和人口的管理，对于不符合规定的农业人口转移为非农业人口，不供应商品粮
1984 年	《关于 1984 年农村经济工作的通知》	允许务工、经商、办服务业的农民自理口粮到集镇落户
1985 年	《公安部关于城镇暂住人口管理的暂行规定》	人员居住时间超过一定时长需要申领暂住证，户籍管理和外来人员就业单位结合实施寄住证管理模式
1985 年	《中华人民共和国居民身份证条例》	居民在办理经济社会事务时，需要持身份证证明居民身份
1989 年	《关于严格控制民工盲目外出的紧急通知》	要加强对流动人口的管理
1989 年	《民政部、公安部关于进一步做好控制民工盲目外流的通知》	严格控制农民工的盲目外流，在必要时可采取强制遣返的措施，以控制人口的流动
1992 年	《关于实行当地有效城镇居民户口制度的通知》	放宽了农村农业人口落户城镇的条件，在一定程度上促进了人口的流动

第一章　中国户籍制度改革与人口流动政策变迁

续表

改革时间	政策条例	主要内容/目的
1994 年	《农村劳动力跨省流动就业管理暂行规定》	开始对跨省的流动人口进行管理
1995 年	《暂住证申领办法》	明确要求要建立流动人口的暂住证管理模式，以便管理大城市的流动人口
1995 年	《关于加强流动人口管理工作的意见》	对于流动人口的管理要多部门参与，取消对流动人口的非法收费，遣返没有暂住证或就业证的外来务工人员
1997 年	《小城镇户口管理制度改革试点方案和关于完善农村户籍管理制度的意见》	进一步放宽了落户条件，允许农村人口向城市流动并在城市落户，以解决城市劳动力不足的问题
1998 年	《国务院批转公安部关于解决当前户口管理工作中几个突出问题意见的通知》	进一步放宽了流动人口在城市的落户条件，对符合条件的流动人口准予落户
2000 年	《关于促进小城镇健康发展的若干意见》	对有固定收入和合法住所的流动人口，给予本地户籍，享有本地人口相同的待遇
2001 年	《关于推进小城镇户籍管理制度改革的意见》	允许所有满足落户条件的农村居民落户小城镇，不对流动人口的落户再加限制
户籍制度与人口流动加速改革期		
2002 年	《关于做好 2002 年农业和农村工作的意见》	要公平对待进城务工人员，不得有歧视等行为
2003 年	《关于做好农民进城务工就业管理和服务工作的通知》	要求要公平对待农民工群体，各行业与职业要对本地居民和流动人口群体一视同仁
2004 年	《工伤保险条例》	要求各地要将农民工纳入工伤保险的范围，保障流动人口群体的合法权利
2006 年	《国务院关于解决农民工问题的若干意见》	在更大程度上保障了进城务工人员的基本权利

续表

改革时间	政策条例	主要内容/目的
新时代户籍与人口流动改革期		
2013年	《国务院办公厅关于积极稳妥推进户籍管理制度改革的通知》	要继续鼓励农村人口向城市迁移，推进高质量城市化的发展
2013年	《中共中央关于全面深化改革若干重大问题的决定》	要推进农业转移人口市民化，逐步把符合条件的农业转移人口转为城镇居民，同时要求各地区创新人口管理，加快户籍制度改革，全面放开建制镇和小城市落户限制，有序放开中等城市的落户限制，合理确定大城市的落户条件，要控制特大城市的落户条件
2014年	《国家新型城镇化规划2014—2020》	要有序推进农业转移人口市民化，按照尊重意愿、自主选择，因地制宜、分步推进，存量优先、带动增量的原则，以农业转移人口为重点，兼顾高校和其他院所的毕业生，统筹推进户籍制度改革和基本公共服务均等化
2014年	《国务院关于进一步推进户籍制度改革的意见》	要贯彻落实党的十八大、十八届三中全会和中央城市化工作会议关于进一步推进户籍制度改革的要求，促进有能力在城市稳定就业和生活的农业和其他常住人口实现市民化
2015年	《国务院批转发展改革委关于2015年深化经济体制改革重点工作意见的通知》	经济结构不合理制约了经济的持续健康发展，要优化经济结构，必须加快改革，充分发挥市场在资源配置中的决定性作用。其中户籍制度严重制约了中国劳动力配置，制约了城乡经济发展，必须加快实施户籍制度改革，推进城市化体制创新
2016年	《居住证暂行条例》	规定了公民在离开常住户口所在地，到其他城市居住半年以上，符合有合法稳定就业、合法稳定住所、连续就读条件之中任意一个的，可以依照本条例的规定申领居住证
2016年	《关于深入推进新型城镇化建设的若干意见》	要全面实施居住证制度，推进基本公共服务常住人口全覆盖

续表

改革时间	政策条例	主要内容/目的
2016年	《国务院办公厅关于印发推动1亿非户籍人口在城市落户方案的通知》	除少数超大城市外,全面放开农业转移人口落户条件,大城市和特大城市要完善落户政策
2017年	《"十三五"推进基本公共服务均等化规划的通知》	明确了基本公共服务是保障全体公民生存和发展的由政府提供的公共服务,要推动实现城市基本公共服务城市常住人口均等化
2019年	《2019年新型城镇化建设重点任务》	全面取消城区常住人口数量在300万以下城市的落户限制,城区常住人口为300万—500万的城市,要全面放宽落户条件,并进一步推进基本公共服务城市常住人口全覆盖,深化"人地钱挂钩"等配套政策
2019年	《关于建立健全城乡融合发展体制机制和政策体系的意见》	要健全农村与城市双向人口流动机制。放松农村劳动力向城市流动的同时,也要鼓励城市高技能劳动者向农村流动,实现城乡均衡发展
2019年	《关于促进劳动力和人才社会性流动体制机制改革的意见》	只有消除妨碍劳动力流动的制度限制、实现有序的社会流动,才能实现经济健康持续的发展
2020年	《2020年新型城镇化建设和城乡融合发展重点任务》	城区常住人口300万以下的城市全面取消落户限制、城区常住人口在300万以上的城市要消除重点人群的落户限制
2020年	《关于新时代加快完善社会主义市场经济体制的意见》	继续深化户籍改革、放开个别城市外其余城市的落户限制、公共资源由按城市级别转向按实际人口配置

第二章 迁移对生产效率和社会发展的效应：理论与经验

市场有助于充分发挥生产要素在生产过程中的实际效用，是配置资源最有效的手段。劳动力从本质上来说也属于一种生产资源，因而通过市场的作用来配置劳动力资源，能够让劳动力得到最优配置，有助于提高整体的生产效率。要想通过市场的作用实现最优配置劳动力资源的目的，存在两方面的核心要点，分别是完全的信息和自由的流动。其中，劳动力市场的完全信息指的是有关劳动力市场信息对于劳动者来说都是可知的，不存在信息不对称的状况或信息不可知的情况；劳动力资源的完全流动指的是劳动力在地区之间的流动没有限制且没有成本或成本较小。不存在妨碍劳动力自由流动的制度性障碍尤为重要。就现实情况来看，一方面互联网的飞速发展有助于实现劳动力市场信息的公开，在一定程度上实现劳动者对信息的可知；另一方面，经济社会的快速发展，加速了信息的生产，也产生了更多的劳动力市场信息，这加剧了实现劳动力市场完全信息的困难。尤其是随着通信行业的不断发展，信息传输的边际成本几乎为零，扩大了地区的经济范围，也增加了劳动者面临的劳动力市场的范围。就此看来，在现阶段的经济发展过程中是难以实现劳动力市场的完全信息。

完全信息只存在于理论中，难以在现实中实现，那么这是否就意味着在现实的经济生活中难以提高劳动力市场对劳动力资源的优化配置呢？答案显然是否定的。无论是劳动力市场中的完全信息，还是劳动力资源的完全流动，其效率的提高均有助于实现提高劳动力市场对劳动力资源的更优配置。当现实的情况是难以实现劳动力市场的完全信息或劳动力市场完全信息的状况只能得到小幅度提升，那么通过更好地实现劳动力资源的完全流动，也能在一定程度上提高劳动力市场对劳动者在生产过程中的配置效率，进而有助于提高生产效率。就中国的实际情况看，通过优化劳动力自由流动的状况以提高劳动力市场对劳动力资源的配资效率大有可为。

中国户籍制度的性质，决定了实施户籍制度改革能够更好地实现劳动力的自由流动。现阶段，户籍制度背后蕴含着城市基本公共服务分配的不均等状况。其中，城市户籍或本地户籍人口能够享有更多的城市提供的医疗、教育、养老、住房保障等城市基本公共服务，但外来户籍人口只能享有更少的基本公共服务。在城市经济发展的过程中，无论是本地户籍人口还是外来流动人口，都在一定程度上做出了同等的贡献。然而，在福利分配的过程中，本地人口享有远超外来人口的城市服务，这带来了实质性的不平等。通过实施户籍制度改革，完全消除户籍制度背后带来的城市基本公共服务供给在本地人口与流动人口之间的分配不公的问题，能够消除因户籍制度背后基本公共服务不均等带来的抑制劳动力流动的问题，有助于更好地促进劳动力在区域、城乡间的流动。

劳动力的完全流动是市场配置劳动力资源的一项重要的途径。在商品市场上，各种商品通过价格机制进行配置，当市场上的商品是有限的时候，因为不同的买者对于商品的评价是不大相同的，因而对于消费该商品的保留价格也是不同的，如果要保证最为需要该商品或对该商品的评价最高的消费者能够消费此商品，就只有通过将该商品的价格定在一个比较高的水平，这样才能保证对商品评价最高的劳动者获得该消费的消费权。在劳动力市场上也是一样的，不同工作岗位的工资水平是不大相同的，而即使对于同一工作岗位来说，不同劳动者在相同岗位就业所能获得的报酬也是不一样的，因为不同劳动者所能发挥出的生产效率是不一样的。因而对于整体劳动力市场来说，在没有外在因素的干扰下，允许劳动力自由流动以让劳动者找到更加适合自己的就业岗位是必要的，也能提高劳动力市场效率进而提升经济总体生产效率。

一　引言

劳动力流动能带来生产效率的提高，但是流动带来生产效率的提高是有一定条件的。允许劳动力自由流动将会提高劳动力市场效率，进而对于经济体的生产效率有着较为明显的促进作用，这是劳动力流动对生产效率的影响机制，一般来说也是大家所能接受的观点。但是这一论断只是就一般意义而言的，因而其没有考虑影响劳动力流动的具体原因，劳动者个体或者家庭是完全基于个体层面的考虑，还是劳动者个人及其家庭的流动完全受到外部因素的影响，或两方面的因素均存在。当劳动者个人及其家庭的流动完全因为个体层面的原因而不会受到其他因素的影响时，对于追求效用最大化的个人和家庭来说，向其他地区流动的行为会带来正向的收益至少不会带来收益损失。从整体来看，每个个体自由流动的决定会对个体带来收益，那么在不存在负的外部性或外部性较小时，社会整体也必将收获正向收益。但是，如果影响劳动力流动的意愿因素不仅受劳动者个体层面因素影响，那么劳动力流动就不一定能够带来生产效率的提高。当劳动者流动行为的选择受到外部因素，尤其是受到政策性因素的限制，那么劳动者最终的流动选择虽然也是基于自身效用最大化做出的决定，但却是有条件的效用最大化，最终的结

第二章　迁移对生产效率和社会发展的效应：理论与经验

果也不一定能够实现最大化的效用。

中国现阶段的户籍制度影响着劳动力的迁移决定，妨碍了劳动力市场的运行，也是导致中国出现大规模流动人口的一大原因。《中国流动人口发展报告2018》显示，2015年中国流动人口总量为2.47亿人，比2014年下降了约600万人，2016年流动人口比2015年减少了171万人，2017年又继续减少了82万人。从近些年来中国流动人口规模的变化趋势来看，虽然中国流动人口规模有一定程度的下降，但流动人口的下降趋势并不显著，由此不难判断未来一段时间中国仍将存在规模庞大的流动人口。面对着数量巨大的流动人口群体及缓慢的流动人口变化走势，难免会产生这样一个疑问，那就是造成这一数量巨大的流动人口群体的原因何在呢？

很明显，造成规模过分庞大的流动人口群体并不是一个正常的现象。中国当前经济社会发展状况在地区间的不平衡现象，是中国产生大规模流动人口的重要原因。经济发展较落后地区的劳动者及其家庭为追求更高水平的生活，会做出是否向经济较发达地区迁移的决定以及是否进行家庭整体的迁移，这导致了流动人口群体的出现。但地区经济的不平衡发展不是导致中国出现大规模流动人口唯一的原因，中国当前的户籍制度同样是中国出现大规模流动人口的重要因素。

对于个体劳动者来说，迁移总会是有成本的，无论这一成本表示的是绝对的货币成本，还是表示因为离开家乡、远离亲朋而产生的负效用进而带来的迁移成本。对于劳动者个体来说，如果的确在其流入的地方找到了一个适合自身的工作，那么对于劳动者来说有两种可能的选择，一是选择在流入地工作，而在其他时间回老家。对劳动者来说第二种可能的选择就是选择搬迁，也就是从老家搬迁到其流入城市居住。直觉上看，如果劳动者个体有选择的机会的话，那么劳动者个体有更大的概率选择第二种可能。因为对于劳动者个体来说，选择第一种可能不仅需要付出流动成本，还要承受因为远离亲人造成负效用所带来的成本，而第二种可能不仅为劳动者节约了流动成本，还降低了远离亲人带来负效用的成本。很显然会有人认为，劳动者选择第二种可能的话会因为不能看到家乡而要忍受思乡之苦进而造成负效用。但这完全是不存在的，因为在第一种情况下，劳动者选择回到家乡也会付出一定的流动成本，而在第二种情况下，劳动者个体如果认为思念家乡造成的负效用要超过流动成本的话，其完全可以选择回到家乡以得到净的正效用。

　　户籍制度是中国产生规模庞大的流动人口的重要原因，也是在一定程度上使劳动者难以选择更优道路的影响因素。中国户籍制度设立之初，原本被赋予的只是人口管理的功能，但随着户籍制度的不断发展以及经济发展的诉求，户籍制度还逐渐被赋予了人口识别与福利分配等功能。而中国长期以来最终形成现在的户籍制度与城市基本公共服务与社会福利挂钩的现象（蔡昉等，2001；蔡昉，2010），使得城市户籍人口能够更多地享有城市提供的基本公共服务，已有利益群体与其他想获得利益的群体之间，必然会存在一定的矛盾。两个群体之间对于自身利益的争取，决定了户籍制度的改革，同样也决定了流动劳动群体可能的选择。

　　没有正确认识到人口流入对于地区或城市经济发展的促进作用，而经济快速发展为地区带来的基本公共服务供给远超外来流动人口享有的，是产生本地户籍人口对于外来流动人口的流入会损害自身利益这一观点的原因所在。当从一个静态的、短期的角度看待流动人口向城市的流动问题时，流动人口的确会抢夺原有本地居民的利益。从居民生活的视角看，由外来人口流入导致的城市人口规模的增加，自然会使城市的便民资源得到挤压，如道路、公园等，这对本地人口来说属于一种资源的挤占。从就业的视角看，流动人口选择流向城市，自然需要在城市寻找到一份工作。当以一个短期

第二章 迁移对生产效率和社会发展的效应：理论与经验

的视角看待这一问题时，城市的就业岗位在短期内是一定不会有明显的改变，单位外来流动人口在城市获得就业的确可以看作挤占了本地居民原本可获得的就业岗位。从公共福利的视角看也是一样的，短期内用于公共服务的政府支出是一定的，而流动人口的流入自然就能够享有本地政府提供的公共服务，就平均意义上来看，原有的本地居民自然就只能享有更少的城市公共服务。

可以看到，就静态的、短期的视角看待流动人口融入城市工作生活问题时，外来流动人口的大量流入会挤占城市居民享有的城市生活资源、就业资源和城市公共服务资源，会对本地居民带来一定的负面影响，因而本地人口与流动人口群体之间必然会产生一定的矛盾。但是分析流动人口问题时，不应当仅仅分析人口流入城市的实际影响，也不应当仅仅分析人口流动带来的短期影响。有人口净流入地，也同样会出现人口净流出地，然而人口流动对不同地区产生的经济影响是完全不同的。人口流入地区经历着的实际影响大多由人口大量流入导致，然而人口流出地区经历的实际经济影响则是因为人口流出的原因产生。因而，当人口流动的行为发生在一个经济系统内，分析人口流动带来的经济问题不应当局限于分析人口净流入地的经济变化，而应当从整体分析。同时，人口流动不仅会对人口流入地和人口流出地产生短期影响，人口流入行为对地区产生的长期影响是人口流动产生影响更为重要的方面。在外来人口向城市流动时，会对地区产生一个短期的冲击。而在一段时间后，流入城市的外来人口会与当地的各种经济活动产生相互的影响，进而打破人口流入城市原有的稳定，会呈现出一个新的均衡状态。所以在考察人口流动带来的经济影响时，考虑的不应当只是短期的人口流入冲击造就的影响，更为重要的是考虑人口流入地在遭受人口流入这一冲击后，再一次达到均衡状态时，前后两个均衡状态的比较，也就是分析人口流入这一外部冲击对于地区经济有的是正面还是负面的影响。

中国大规模的人口流动现象已经持续相当的一段时间，也已经有大量对于人口流动的影响因素分析。其中因为经济发展地区之间的不平衡问题突出，人口从经经济欠发达地区向经济发达地区的流动占据主流，尤其是农村人口向城市流动，占据流动人口总量的绝大一部分。所以已有研究在讨论中国的流动人口问题时，更多的是从经济不发达地区向经济发达地区流动的角度展开讨论。在早期，国内讨论流动人口影响问题主要集中在人口流动对农村地区的影响（李实，1999；姚枝仲、周素芳，2003；马忠东等，2004；赵伟、李芬，2007），研究的问题包括但不限于农村人口向城市流动会对农村带来何种方面的经济影响，对农村产生的影响是积极的还是消极的，影响幅度有多大等。但随着城市容纳的流动人口数量不断增加，城市地区的经济社会发展带来的劳动力的需求逐渐难以完全吸纳外来流动劳动力数量的急剧增加。在这一情况下，流动人口带来的影响不断被放大，包括流动人口带来的积极和消极影响。由此，人口流动对流入地产生的影响问题更加突出，讨论人口流动对流入地的影响逐渐成为主流。国际经验也表明，流动人口群体不仅会对人口流出地有着较为明显的影响，同时还会影响着人口流入城市（Borjas, et al., 1991; Gang and Rivera-Batiz, 1994; Johnson, 1980; Borjas, 1999）。

人口流动对地区整体经济发展的影响是宽泛的，不仅会对人口流出地有着较为明显的影响，主要通过劳动力数量的变化从而对地区的经济发展产生影响。同时，已有的经验还表明，人口流动对于人口流入地同样会产生重要的影响，主要通过劳动力大量流动造成。中国的流动人口群体规模庞大，因而流动人口群体对中国的影响作用同样非常巨大。而且，由于流动人口对地区的影响不仅体现在经济影响，对于地区其他方面的影响同样显著，因而回顾已有文

第二章 迁移对生产效率和社会发展的效应：理论与经验

献对于流动人口影响的分析，以便梳理总结人口流动对社会经济发展的影响以便充分发挥流动人口带来的经济效应在中国就显得尤为重要。本章的目的就在于通过梳理已有讨论流动人口对地区经济社会发展影响问题的文献，从理论模型、影响机制及实证分析三个角度出发，重点分析人口流动对地区经济增长及其长期发展的影响。

总的来看，分析人口流动对地区经济发展的影响可以从如下两个角度出发。一方面，人口流动会影响人口流入地区的生产效率。人口的大规模流动，会使人口流入地的劳动力资源重新得到配置，主要体现在人口流入地的劳动力规模整体得到扩大，而劳动力资源的重新配置，会显著影响地区的生产效率。人口流入地区劳动力规模的扩大，会带来地区劳动力市场规模的扩大，而劳动力市场规模的扩大能够有效促进地区内部的劳动分工，有助于提高地区生产过程的专业化程度，而生产的专业化程度的提高，不仅能够有效促进个体劳动者的生产效率，同时对于地区整体的生产效率也会有着较为明显的提升。所以劳动力向人口流入地的流动，有助于提高该地区整体的生产效率。

另一方面，人口的大量流入也会影响人口流入地区的经济社会发展。外来人口向城市流动，不仅会在城市工作，同时其也会在城市生活，因而流动人口对城市的非经济影响同样非常明显。比如说，外来人口的流入会让流动人口与本地居民均等地享有城市的公共服务，这些公共服务不仅包括城市的道路、公园等公共物品，也会在一定程度上享有地区为本地居民提供的基本社会保障，包括就业保障、住房保障、医疗保障等。但因为人口流动不仅只有单一的流动，家庭整体流动的现象在中国也比较普遍，所以就会出现不仅只有流动人口自身会享受城市财政提供的基本公共服务，同时其配偶与子女也同样享有地方提供的基本公共服务。所以，在分析流动人口对城市的影响时，考虑的不应当仅仅是流动人口所享有的城市公共服务，人口向城市的流入也会为城市带来正向的影响。例如，流动人口在城市工作，也会为城市贡献税收，所以流动人口对城市的影响就不仅体现为占据已有的城市资源，流动人口群体也会为本地做出一定的贡献。特别的，在考虑流动人口在流入地有长期居住的意愿，而其后代如果同样居住于本地，那么流动人口的流动还会增加城市未来潜在的劳动力供给，为城市的长期发展提供一定的劳动力供给保障。如果从一个整体层面来考察流动人口的影响，而不仅从单一的人口流入地与人口流出地这一视角出发的话，那么流动人口的增加还会对社会贫困的减少做出一定的贡献。因为劳动者个体及其家庭流动行为的选择更多是从经济收益角度来考虑，即流动行为能否带来家庭净收益，因而流动行为的出现对于劳动者及其家庭来说往往伴随着一定程度的收入提高。当贫困家庭的劳动者选择流动从而在城市得到非农工作的话，对于消除家庭贫困可能有一个较为积极的影响，所以人口流动同样会对人口流出地带来相当程度的影响。

二 流动人口对地区生产的影响

在分析人口流动问题时，讨论流动人口带来的经济影响尤为重要。一般来看，并不能直接简单认为流动人口数量的增加有助于地区的经济发展，因为它们之间并没有直接的关联。流动人口并不出现在经济发展的一般性结构方程中，人口流动对地区经济发展的影响更多的是通过间接的方式影响地区的经济发展。影响地区经济发展的因素是多种多样的，在判断流动人口对经济发展的影响之前，明确流动人口到底是通过何种路径来影响经济发展的，是研究的基础。

直观来看，外来人口向地区的大规模流动会增加本地的总人口，自然也会增加本地的劳动力总量。在以柯布—道格拉斯生产函数表示的地区总生产函数中，劳动力投入的增加有助于地区总产出的增加。从这一思考路径出发，可以认为流动人口总量的增加有助于增加地区劳动力数量进而会对地区总产出有着较为明显的正向影响，因而人口的流入会通过影响地区总劳动力数据和地区总产出这一机制来影响地区的经济发展。但以柯布—道格拉斯生产函数形式表示的地区总生产，只是简单将劳动力投入作为一种生产函数，并没有关注到劳动力作为一种生产要素的异质性，尤其是不同劳动力人力资本水平的不同对生产影响的不同。以一个简单的例子来看，当企业同样是招聘一个劳动者，可以认为，在其他条件都一样的情况下，如果该企业招聘的是一个大学本科毕业的劳动者，那么相较于企业招聘的是一个小学文化水平的劳动者的话，对于企业生产有着更大的促进作用。所以当我们分析要素投入对生产的影响时，尤其是在考虑劳动力投入对生产的影响时，不应当仅从劳动力投入的数量出发，劳动力的人力资本水平同样是重要的影响因素。从这一角度看，人口的流入能通过影响地区的人力资本状况，进而同样会对地区的经济发展产生显著的影响。但是上述分析只是静态地分析劳动力对生产的影响，在考虑外来人口向城市大量流入时，这一劳动力流入的外部冲击会打破城市原本的均衡，而地区遭遇劳动力流入的外部冲击后再次到达均衡状态时，中间会有着一个动态的调整过程，这一调整过程很明显包括劳动力资源的再配置。因而有理由认为劳动力的流动会带来城市劳动力的再配置，所以人口的流入会影响劳动力资源的重新配置，进而影响地区的经济发展。

  从上述分析可以看到，劳动力的流动会影响地区的总生产、地区人力资本的投入同时还会改变城市劳动力的配置情况，进而会影响地区的经济发展。本节余下部分就分别介绍已有研究是如何分析劳动力流动对这三个方面的影响，以及劳动力流动这些方面影响带来的经济结果，即劳动力流动对地区这些方面影响最终的方向，是会起着积极作用还是会带来消极影响。

（一）地区总产出

在研究人口流动特别是移民对地区经济影响的文献中，Gerking 等（1979）、Grossman（1981）和 Johnson（1980）就国际移民对地区的经济影响提出了各自独立但又相近的理论，本小节将详细分析 Johnson 的理论。

在上述研究国际移民的经典文献中，不同文献最大的区别在于研究时间及研究对象是不同的。Johnson（1980）研究的对象是美国的移民对美国经济的影响，其先验的假定了移民群体均属于低技能劳动者。出现这一假设的基本理由在于美国在研究时间范围内，经济发展远超其他国家，国内的教育水平同样超过世界上的其他国家，因而能够做出流入美国地区的人口整体上人力资本状况要差于美国本地人口，因而这一时期的移民群体相对属于低技能的劳动人口。所以 Johnson 模型重点关注的是地区在遭受外来低技能劳动力冲击下经济体的长期发展。在 Johnson 的模型中，总体将地区劳动力市场上的劳动者划分为两类：一类属于低技能劳动群体，更多地从事于低技术水平的工作；另一类是高技能劳动群体，更多地从事高技术水平的工作。因为不同的就业岗位对于不同技术水平的劳动者的需求是不大相同的，因而技术水平会影响劳动力可能获得的工作。因为作者在模型中假定低技能劳动力群体只能从事低水平、低工资的岗位，而高技能劳动力群体从事的是高技能、高工资的就业岗位，并且不同的劳动力群体之间不能相互替代。当假定地区劳动力市场的冲击只有劳动力大量流入而不存在劳动力流出的话，当地区遭到人口流入冲击时，那么市场上总的低技能的劳动者就能够表示成由两部分组成：一部分是本地的低技能水平的劳动者；另一部分是移民群体中的低技能水平的劳动者。由此，地区总的低技能劳动者 E_1 可以表示为：

$$E_1 = E_{1d} + E_{1m} \qquad (2-1)$$

首先考虑外来低技能劳动力大量流入的短期影响。在短期内，城市或地区对于不同技能水平劳动力的需求不会发生改变，低技能水平的劳动者也难以通过积累人力资本从而成为高技能水平的劳动者。因而如果地区经历外来低技能劳动力大量涌入的冲击，外来低技能劳动力为在本地获得就业机会，会在一定程度上压低就业工资。在移民群体与本地低技能劳动者能够完全替代的情况下，本地低技能劳动力为获得同等的竞争力，同样也会要求更低的就业工资。因而在短期内对劳动力需求不会发生改变的情况下，地区低技能水平劳动者的就业工资会在一定程度上下降，而地区的低技能劳动者的整体就业人数并不会发生变化。同时，因为短期内低技能水平的劳动者难以通过更多地积累人力资本水平，从而成为高技能水平的劳动者。因而在短期内，地区在经历低技能劳动者大量流入冲击的情况下，高技能劳动者的供给和对高技能劳动者需求不发生改变的情况下，高技能劳动者的工资水平并不会发生改变。在短期地区经历低技能劳动者大量涌入的情况下，由于地区的低技能劳动者的就业和高技能劳动者的就业均不发生变化，因而同样也不会影响地区的总产出情况。

其次考虑外来低技能劳动力大量流入的长期影响。地区内的厂商在长期内能够自由调整企业规模，因而在长期内地区无论是对低技能水平的劳动力还是对高技能水平的劳动力的需求都能够进行相应的改变，地区内低技能水平的劳动力也能通过更多地积累人力资本从而成为高技能水平的劳动力。由于长期与短期存在的显著的差异，因而在长期和短期内地区的状况也存在显著的差异，地区经历外来劳动力冲击在长期的情况下也存在不同的可能。

首先，在假定厂商对劳动力需求的增加并没有超过移民增加时。这一状况最终将产生与短期类似的结果，移民的增加对于本地劳动力的就业有着负向的影响，既减少了本地低技能劳动力获得就业的机会，同时还可能会减少本地低技能劳动力的就业工资。但与短期不同的是，由于城市中对低技能水平劳动力的需求有一定幅度的上升，因而最终的结果相较于短期时，城市内低技能水平的就业工资会有一定的负面影响，但城市的总产出将有相当幅度的增加。

其次，当地区对劳动力需求上升的幅度刚好等于地区移民增加的数量时。在这种情况下，有理由认为移民数量的增加并不会对本地劳动力产生严重的负面影响。在城市中流动人口数量增加的情况下城市中对劳动力的需求也有同样增加时，城市中的新增劳动力完全被新增就业吸纳。最终的结果就是城市中低技能劳动力的总就业数量有所增加，但城市中低技能群体的就业工资并不会发生显著降低。因而地区流动人口规模和对低技能劳动力的需求同等增加时，流动人口大量增加并不会对城市产生显著的负面影响。但此时，由于低技能劳动人口总就业的规模有相当程度的扩大，因而在此种情况下，流动人口的增加总是会对地区的总产出产生积极的影响。

最后，当地区对劳动力需求上升的幅度超过地区流动人口增加的数量。在这种情况下，可以认为流动人口向城市的流动会对本地劳动者带来积极的正向作用。当城市流动人口增加时，城市对低技能劳动力的需求也增加，且城市对低技能劳动力的需求要超过城市流动人口增加的数量，在这一情况下城市中流动人口规模的增加不仅不会带来就业的挤出效应，同时还会因为劳动力需求上升的幅度更大，从而带来就业数量和就业工资的增加。会对本地劳动力的就业产生积极的影响，就业工资有所上升，还会对地区的总产生产生正向作用，地区低技能就业岗位的数量有一定程度的增加。

从 Johnson（1980）对流动人口分析的模型不难发现，在其分

第二章 迁移对生产效率和社会发展的效应：理论与经验

析流动人口对城市影响的模型中，存在两方面的简化。一方面，其对流动人口的类型做了一定的简化。在其分析的模型中，将城市劳动力类型分为两种，分别是低技能劳动力群体和高技能劳动力群体。然而其在分析流动人口时，仅仅将流动人口看作一种类型，即低技能劳动人口，这在一定程度上做了简化。另一方面，其对城市劳动力数量的变化做了简化。在其分析的模型中，其假定城市劳动力规模的变化只是由增加的流动人口引起，没有考虑到城市劳动力群体对流动人口流入做出流动的选择和流动人口群体本身做出的回流和向其他城市流动的选择。就这一角度看，对城市劳动力数量变化的分析也做了一定程度的简化。

因为美国当时的经济发展程度远超其他国家，同时向美国流动的群体主要以来自经济欠发达地区为主，所以从当时的情况看，认为向地区流动的群体属于低技能劳动力群体有一定的合理性。但实际情况却是向地区的流动的群体也存在着技能水平的差异，因而也应当对流动人口群体的技能水平进行划分。所以在进一步分析移民群体对本地的产出的影响时，既要考虑本地劳动力市场劳动力组成的不同，同时也需要考虑流动劳动力群体人力资本水平或劳动技能的不同。因而在建立地区总产出的生产函数时，总体劳动力同样要分为两个组成部分，既要包括低技能劳动力同时也要包含高技能劳动力，在生产函数中当然不能忽略资本的贡献。考虑一个封闭的经济体时，假定在这一经济体中除了移民可以自由流动外，地区内的低技能劳动群体、高技能劳动群体和资本均不能自由流动。在假定生产函数为线性、各要素之间的替代弹性为常数，地区总产出可以表示为：

$$Y = W_1 E_{1d} + W_1 E_{1m} + W_2 E_2 + vK \qquad (2-2)$$

其中，v 为利率。地区总产出 Y 中，低技能群体、移民群体、高技能群体和资本的比重分别为 $W_1 E_{1d}$、$W_1 E_{1m}$、$W_2 E_2$ 和 vK。当假定移民的增加不会减少本地低技能劳动力就业时,移民群体的增加对地区总产出的增加为 $W_1 E_{1m}$。如果移民的增加会挤压本地低技能劳动力的就业时,当假定一个移民能够替代 β 个本地低技能劳动力,那么移民对本地产出的净增加为 $(1-\beta)W_1$。可以看到,在这一分析框架中,并没有简单地将移民群体看作低技能劳动力群体,而是将移民群体看作其他劳动力技能群体,或者也可以看作低技能劳动力群体与高技能劳动力群体的某种组合,这就避免了简单将移民群体看作低技能劳动力而出现的与现实不吻合带来的分析结果的不准确。

已有研究建立了多个分析流动人口增加对地区总产出产生影响的理论分析模型,已有研究的理论分析模型同样还揭示了流动人口规模增加对地区总产出影响的具体作用途径。基于理论模型的分析不难发现,流动人口的增加的确会对地区的总产出带来显著的影响,但在当时并没有给出移民对地区总产出产生影响的直接证据。在已有研究的基础之上,Grossman(1982)最早通过计量的方法实证分析了移民对地区产出的影响。在对移民增加对地区总产出的影响分析中,Grossman 首先假定了地区的生产函数,表示如下:

$$Q = F(N, SG, FN, K) \qquad (2-3)$$

其中,Q 表示地区的总产出;N 表示超过 16 岁本地出生的劳动力数量;SG 表示超过 16 岁本地第二代劳动力数量;FN 表示超过 16 岁移民劳动力数量;K 表示资本。当地区的总产出能够以柯布—道格拉斯形式表示时,那么在完全竞争条件下,地区的产出方程可以表示如下:

$$\ln Q = \ln \alpha_0 + \sum_i \alpha_i \ln X_i + \frac{1}{2} \sum_i \sum_j \gamma_{ij} \ln X_i \ln X_j,$$
$$i = n, s, f, k; X_i = N, SG, FN, K \qquad (2-4)$$

式(2-4)来自于对式(2-3)取对数,并在模型中加入了不同生产要素之间的交互项。基于式（2-4），Grossman（1982）实证分析了移民对地区总产出的影响。实证结果发现，移民对于地区的总产出有显著的正向影响，也就是移民前的系数估计量为正且显著。因而可以表明外来移民的增加会对地区总产出有直接的影响，不仅如此，上述的计量分析模型还揭示了移民群体与其他的生产要素之间有着一定的替代关系。而移民数量与其他生产要素之间的替代关系，会使得移民群体数量的变化不仅会对地区的总产出带来直接的影响，还会通过这些要素的变化从而对地区的总产出带来间接的影响。

移民对地区总产出的增加是显然的，即使在不考虑其他因素的情况下仅考虑移民群体的增加对于地区劳动力市场规模有着正向作用，劳动力市场规模或地区就业总量的增加也会对地区的产出有着正向的影响。在进一步考虑到移民群体与其他生产要素之间有着一定的替代或互补关系的话，如移民群体可能与本地不同的劳动力既存在替代的关系，同时也存在互补的关系。那么移民群体的增加对于与其具有互补关系劳动力群体的规模同样有着正向的影响，从而影响地区的总产出。当地区与移民群体之间有着替代关系的劳动力减少时，移民群体的增加可能会弥补这一下降的劳动力，同样对于地区的产出有着影响。当在生产函数中考虑资本的因素的话，劳动力与资本之间在生产中存在着相当的互补关系，因而也有理由认为移民的增加更加有利于地区资本总量的增加，这一机制也能促进地区总产出规模的扩大。

（二）城市的人力资本情况

从上述分析可以看到，移民群体通过作用于劳动力市场规模，并相应扩大地区劳动力市场的规模，进而会促进地区的总生产。但以这种方式分析移民群体的影响时，并没有考虑到劳动力作为一种生产要素的特殊性。在一般性的生产函数中能够观察到物质的资本积累，因为其是可观测的且仅会发生数量上的变化。但劳动力这一生产要素与资本不同的地方在于，劳动力投入的变化不仅体现在劳动力的数量会发生变化，同时，劳动力还有质量上的差异。因为劳动力承载着人力资本这一能够对生产产生积极作用的因素，这也是劳动力作为生产要素的特殊性所在。如果只是简单考虑劳动力对地区产生影响的话，那么移民对于地区经济发展的影响更多的是通过扩大地区劳动力市场规模从而实现地区总产出的扩大。考虑到劳动力的特殊性，不仅是把劳动力看作是一种普通的要素投入，而是将劳动力看作一种生产要素的载体，也就是其能够承载着人力资本，在这样的一种情况下，移民群体对于地区总产出的影响同样还会通过增加地区的人力资本总量进而实现地区总产出的扩大。

但是人力资本状况并不是先天决定的，而是会随着时间的变化从而不断发生变化的。所以在讨论地区的人力资本状况和地区产出之间的关系时，需要从更长远的视角出发，考虑地区人力资本在流动人口大量增加下的动态变化。特别是不同人力资本水平的劳动力之间不存在替代关系的情况下，劳动力会面临是否积累人力资本这一选择。也就是说，以一个更长的时段分析移民的影响时，当地区有流动人口的流入，本地劳动力会对这一流动人口的冲击做出相应的反应。同时，流动人口在流入该地区的情况下，其群体也会根据地区人力资本的实际状况从而做出人力资本积累的行为。

流动人口对地区人力资本的影响是通过流动人口与本地劳动力对地区遭受人口流动这一冲击的反应来实现的。一般来说，流动人口总是从经济发展水平较低的地区向经济发展水平较高的地区流动，所以相较于本地居民来说，流动人口群体的人力资本水平状况总是会更差。但这一人力资本的差距只是体现在总体水平上，即使在经济发展水平较高的地区，同样也有着较低的人力资本劳动者。

就经济发达地区的低技能人口看，其主要从事低技能水平的就业工作，在地区经历外来低技能劳动群体流入冲击的情况下，本地低技能劳动力群体的就业冲击程度会更大。伴随着流动人口不断地增加，其群体的工作岗位竞争更加激烈、面对的就业压力更大。为应对这一更强的劳动力市场竞争，低技能的本地劳动力群体会面临是否更多地积累其人力资本，以便让自己跻身于高人力资本群体行列，这样其群体面对的就业压力就会有一定程度的减缓。同样地，流动人口虽然是从经济不发达地区向经济发达地区流动，移民群体所面临新的就业压力相对于以往虽然得到了一定程度的缓解，因为即使其在的流入地对于劳动力的需求有着较为明显的增加，但是该地区的劳动力供给也相应会更大，因而流动人口群体面临的就业情况依然严峻，所以在其群体面对这一激烈的就业压力时，同样也会做出一定的反应，包括是否更多地积累自身的人力资本。

无论是本地低技能劳动力，还是流入的低技能劳动力，在面对一个竞争更加激烈的劳动力市场时，一般来说会有三种选择：一是保持现状，但这种状况不是考察的重点；二是退出劳动力市场，这是一种消极的劳动力行为，既不是关注的要点，也不是多数劳动力的选择；三是更多地积累人力资本，以提高自身的技能水平，让自己在劳动力市场上更具有竞争力，从而得到更好的就业状况。这是一般劳动者的选择，同样也是需要重点关注的行为。

当人口向特定地区的流动，会对地区的劳动力市场产生动态影响。而在新的均衡状态下，劳动力市场的最终状态会发生显著变化，其中以劳动力市场人力资本的变化尤为显著。通过比较劳动力市场人力资本水平状况的前后状态，对于分析人口流动对地区劳动力市场人力资本水平的影响尤为便捷。但由于劳动力的人力资本水平状况难以直观观测，而教育是劳动者人力资本水平最为直观性的呈现之一，因而在一般的分析中，都是以劳动者的受教育年限代替劳动力的人力资本水平。其中周昌林和魏建良（2007）就以教育水平作为人力资本水平的衡量，分析流动人口的增加对地区人力资本水平的影响，其构建的分析人口流动对地区人力资本水平影响的模型如下：

$$R_{ct} = \sum_{i=1}^{7} RE_{cit} \times r_i \qquad (2-5)$$

其中，R_{ct} 表示地区 c 在第 t 年时的人口结构水平或人力资本的状况；RE_{cit} 表示地区 c 在第 t 年时，第 i 个学历等级的劳动者的数量；r_i 表示第 i 学历等级所需要的受教育年限。其中 I 总共分为 7 个等级，其学历等级和受教育年限为文盲半文盲（2）、小学（6）、初中（7）、高中（12）、大学专科（15）、大学本科（16）、研究生（19）。

由于在一般性的统计数据中没有详细调查个人的受教育状况，因而周昌林和魏建良（2007）在分析地区人力资本状况时，同样没有对个人的受教育水平进行详细的划分，仅将个人的受教育水平分为三个等级，分别为初中及以下、中专和高中、大专及以上。作者在考虑个人的实际受教育年限时，将初中及以下流动人口的受教育年数看为 7 年；中专和高中受教育年数看为 12 年；大专及以上受教育年数看为 15.5 年。因而，实际计算的地区人力资本情况模型如下：

$$R_{ct} = \sum_{i=1}^{3} RE_{cit} \times r_i \qquad (2-6)$$

式（2-6）与式（2-5）类似，其区别只是将受教育等级从原来的 7 个变为现在的 3 个。作者基于上述模型，研究宁波市 1990—2005 年的人力资本情况发现：整体上流动人口群体的人力资本水平状况显著低于本地居民的人力资本水平状况，同时流动人口群体的人力资本增长的速度也要低于本地居民人力资本的增长速度。基于初始的人力资本情况和人力资本增长速度的情况来看，其

第二章 迁移对生产效率和社会发展的效应：理论与经验

认为流动人口对地区的人力资本积累情况具有负向的效应，即拉低了地区的初始人力资本。同时，对于地区人力资本的增长速度也产生了一定的负向影响。

可以看到，式（2-5）与式（2-6）从整体上构建了代表地区人力资本水平的指标，总体人力资本指标也有助于分析地区的生产水平。但在讨论人口流动对地区生产水平的影响时，不能仅从地区人力资本水平变化展开，从人均的层面上进行分析会更有益处，因为人均的人力资本水平能够从一定程度上反映地区人均的生产效率。同时，在考察流动人口群体对地区人力资本情况的影响时，在短短的15年内是不够的，因为流动人口群体对于地区人力资本的影响，不仅是通过其自身的影响，流动人口群体对地区人力资本影响更大的则是通过与本地劳动者之间的博弈与其后代人力资本积累状况来影响地区人力资本水平。个人的受教育年限也不是一个很好的反映个体人力资本情况的指标，虽然教育水平能从一个侧面反映人力资本的情况，然而受教育年限只是从教育的角度考察了人力资本。因为个体的人力资本水平并不完全由教育水平决定，单位劳动者即使脱离了学校也还是能够进行相应的积累，即能够通过教育以外的经验积累人力资本，进而提升其个体的人力资本水平。

教育水平在一定程度上可以反映个体的人力资本水平，但是教育水平并不能动态地反映个体人力资本水平的变化。个体在接受了一定的教育年限参加工作以后，就很少再接受进一步的教育，而个体的人力资本可以通过教育之外的途径积累，如个体的工作经验等。作为个体人力资本的动态回报，工资能够很好地反映个体人力资本的变化。在一个完全竞争的劳动力市场上，个体的人力资本水平越高，生产效率也就越高，劳动者的工资水平同样也越高。而个体的工资水平更加易于观察，同时个体的工资水平往往会随着个体的人力资本水平总是处于不断的变化之中，并且工资水平也能涵盖经验带来的人力资本水平的提高，因而考察人力资本的变化，工资可能是一个更好的指标。

基于工资作为个体人力资本水平的理论之上，Chiswick（1978）分别建立模型以研究本地居民的工资水平和移民群体的工资水平。其实证模型以明瑟工资方程（Mincer, 1974）为基础，认为劳动者个体的工资是由劳动者受教育水平、年龄、年龄平方和不可观测因素决定，因而本地劳动力群体的工资可以用如下模型表示：

$$\ln y_{n,i} = \ln y_o + r S_i + b_1 T_i + b_2 T_i^2 + U_i \qquad (2-7)$$

其中，S_i 表示劳动者接受教育的年数，T 表示劳动者的工作经验，用劳动者的年龄减去受教育年限再减去 5 表示；$y_{n,i}$ 表示劳动者的个体收入；U_i 代表着一个随机扰动项。就该模型看，隐含着的条件就是个体每一年的教育回报率均是相同的。同时，年龄作为劳动者经验的代理变量，经验回报率将呈现抛物线的形状。

对于流动人口群体工资方程的分析就比本地居民工资的方程分析更加复杂，原因主要是流动人口的经验和教育可能是在不同地方积累的，而不同地方的教育回报和经验积累的回报可能是不相同的，这一点在已有文献中得到了体现（La Roca and Puga, 2017）。所以对于每一位移民来说，其既可能在流出地接受教育，也有可能在流入地接受教育，对于其工作经验也是一样的，既有可能在流出地积累工作经验，也可能在流入地积累工作经验。而不同地区的教育回报和不同地区的工作经验回报均可能存在差异，因而在 Chiswick 的模型中，移民群体的工资可以用如下方程表示：

$$\ln y_i = \ln y_o + r_b S_{b,i} + r_a S_{a,i} + b_1' T_{b,i} + b_2' T_{b,i}^2 + b_3' T_{a,i} + b_4' T_{a,i}^2 + U_i \qquad (2-8)$$

其中，S_b 表示其在迁移前的受教育年数，而 S_a 表示其在迁移后接受教育的年数；T_b 表示其在迁移前积累的工作经验，T_a 表示其在迁移后积累的工作经验。因为对于移民群体来说，移民前的工作环境与移民后的工作环境是不一样的，考虑到迁移群体在不同劳动力市场工作经验的回报率可能是不一样。所以将移民群体在移民流出地积累的工作经验用 YSM_i 表示，因而可以将最终的回归方程表示如下：

$$\ln \gamma_i = \ln \gamma_o + r S_i + C_1 T_i + C_2 T_i^2 + C_3 (YSM_i) + C_4 (YSM_i)^2 + U_i \qquad (2-9)$$

基于式（2-9）以及美国的数据发现，1970年的美国移民群体的平均工资要比本地居民低17%，但是在10—15年，这一工资差距消失了。而在其移民到美国的30年后，移民群体的平均工资要比本地劳动力高11%左右。这一结果的确反映了移民群体在流动初期，流动人口的人力资本水平要相对低于本地居民，表现在其群体的工资水平相对更低。但是其研究发现，移民群体的工资相较于本地居民来说上升更快，反映在工资上就是在移民后的10—15年，工资差异不复存在，并且在移民超过30年后，移民群体的工资超过了本地劳动力的工资。这说明，流动人口虽然初始的人力资本禀赋较低，但人力资本的增长速度可能相对快于本地居民，因而其总体的工资水平有着更快的上升速度。

但是Chiswick的研究考虑的只是一般移民迁移的情况，并没有考察移民群体的特殊性，所以对移民群体对地区人力资本水平影响的测度是不准确的。自我选择理论（Roy，1951）认为，人们是为了追求效用最大化才选择某一行为，而对于个体来说，效用往往能够用收入来衡量，所以个体的行为目的往往在于最大化其收入。在这一目的下，人们会选择最适合自己的行为（Sattinger，1993），体现在劳动力市场上就是劳动者会选择其具有比较优势的岗位就业。从个人是否选择移民的抉择看，移民群体的移民决策是由其本身决定的。在迁移与不迁移的行为选择之中选择了迁移时，也就是说对于这一部分选择移民的流动人口群体来说，选择移民将会对其自身有着更大的效用，体现在预期迁移后将获得更高水平的就业工资。因而即使在移民初期并没实现其期望的效用，也就是收入水平低于预期，但因为是自己的选择行为，所以移民群体会在迁移后的工作中相对于本地居民来说会更加努力（Carliner，1980）。

不同于 Chiswick（1978）的研究，Borjas（1987）将研究的目光放在了移民自身的决定上。在 Borjas 的模型中，将劳动者的个人能力或人力资本水平内化于劳动者的工资中，个体劳动者通过比较自身的工资水平与当期平均的工资水平，进而判断自身的能力是否在当地平均水平之上。由个人根据自身在迁移前地区的教育水平与工资排名，能够更为准确地了解自身不可观测因素的大小，在给定教育水平的情况下，个人的工资排名越高，也就表明个人的不可观测因素对工资的促进作用更大。个人对自身的不可观测因素了解更为清晰，而这也是个人做出是否迁移决定的基础。Borjas（1987）假定个人在流出地的工资是由如下方程决定，因而其建立的工资结构模型如下：

$$\ln w_0 = \mu_0 + \varepsilon_0 \qquad (2-10)$$

其中，w_0 代表个人在其流出地所能得到的工资，其由两个部分组成：μ_0 代表的是其流出地的平均工资，个体的工资虽然与地方的平均工资有关，但是并不完全由该地的平均工资决定，个体的工资还与个体自身的特征相关；ε_0 代表的就是与个体工资相关的特征，其中 $\varepsilon_0 \sim N(0, \sigma_0^2)$。而个体在人口流入地所能获得的工资可以表示如下：

$$\ln w_1 = \mu_1 + \varepsilon_1 \qquad (2-11)$$

同样的，w_1 代表其所在流入地的工资，μ_1 代表该地的平均工资。个体的工资并不完全决定于该地的平均工资，所以其工资方程还加上了个体与收入相关的特征变量 ε_1，其中 $\varepsilon_1 \sim N(0, \sigma_1^2)$。

为追求收入最大化的个体。其个体是否迁移取决于以下指标：

第二章 迁移对生产效率和社会发展的效应：理论与经验

$$I = \ln[w_1/(w_0 + C)] \approx (\mu_1 - \mu_0 - \pi) + (\varepsilon_1 - \varepsilon_0)$$
$$(2-12)$$

其中，C 表示的是迁移成本，其中 $\pi = f(C)$，表示 π 是迁移成本的一个函数。假定迁移成本 C 是一个常数，那么 π 也是一个常数。因此，当 $I > 0$ 时，劳动者会选择迁移，当 $I < 0$ 时，个体决定不迁移。因而，对于个体来说，迁移的可能性表示如下：

$$P = \Pr[v > -(\mu_1 - \mu_0 - \pi)] = 1 - \Phi(z) \quad (2-13)$$

其中，$v = \varepsilon_1 - \varepsilon_0$；$z = -(\mu_1 - \mu_0 - \pi)/\sigma_v$；$\Phi$ 代表的是标准正态分布函数。从式（2-13）可以看到，个体的迁移决定与其流出地的工资呈负相关；与其决定流入地的工资呈正相关；与迁移成本呈负相关。

在该模型中，决定个人是否迁移取决于：流入地的平均工资、流出地的平均工资和迁移的成本，这些完全是外生变量，并不存在个体的决策。但同样可以看到，在 Borjas 的分析模型中，两个随机扰动项的差也会影响着劳动者迁移的决定。当认为劳动者在做出迁移决定之前，同样在其流入地有工作，这对于单一劳动者个体来说，式（2-10）所表示的随机扰动项 ε_0 是可以观测到的。当劳动者个体的工资水平高于社会平均的工资水平时，劳动者的随机扰动项 ε_0 就可以看作是一个正的数，表示的是劳动者个人的人力资本水平或者能力高于社会平均水平。但对于劳动者来说，其流入地的工资在流动决定前是不可观测的，因而对于单位劳动者个体来说，我们就将式（2-11）中的随机扰动项看作是一个随机干扰，不影响劳动力的工资和其他的一些因素。

从上述劳动者的迁移决定模型看，当对于劳动者个体来说，式（2-10）中的随机扰动项是可观测的，那么对于劳动者来说，一个正向的扰动对劳动力流动的决定将有一个正向的影响。同时影响个体迁移的并不是其真正能得到的外地的工资，而应当是其预期所能得到的工资，因为个体在迁移之前对迁入地的情况并不了解，其预期的工资往往决定于当地的平均工资，所以对于个体来说，其预期的收入水平应当是外生的。一般来说，能力比较强的劳动力其随机扰动项 ε_0 往往是正的，能力越强，随机扰动项的数值就越大，这也就是说，能力越强的人其迁移的可能性越大。

而移民群体往往具有较高的人力资本也得到了证实（Kalacheck and Raines，1977）。即使移民群体的人力资本并不处于移民流入地比较高的水平，但是与移民流入地的平均人力资本相比也就是将移民群体的工资与城市的平均工资比较，往往会发现移民群体的工资要高于地区的平均工资水平（Weiss and Williamson，1972；Weiss，1970）。高人力资本群体预期在其迁移之后能够得到较高的工资，而受到这一经济的影响，极大程度地促进了较高人力资本水平群体的迁移，而这一较高人力资本群体的迁移，对于移民流入地的总人力资本情况会有一定程度的提高。所以移民的增加，对于地区的人力资本情况将会起着动态的促进作用。

（三）城市的劳动生产率

从以上分析可以了解到，流动人口对于城市的总产出、地区的人力资本水平和地区劳动力资源的配置均有着一定的影响，并且流动人口对地区总产出和地区人力资本的影响都是可以直接观测的。流动人口对地区总产出的影响可以直接从地区总生产的变化中反映出来。虽然流动人口对地区人力资本水平的影响不能直接观测到，但是劳动力的工资在一定程度上反映了劳动力的人力资本水平情况。因而从劳动力工资的角度出发，同样也可以观察到流动人口对地区人力资本水平的影响，因而同样可以认为地区人力资本水平是可观测的。

第二章 迁移对生产效率和社会发展的效应：理论与经验

无论是直接的观测，还是间接的观测，总是能观察到流动人口对地区总产出和地区人力资本水平的影响。但无论是通过直接的手段，还是间接的手段，关于流动人口对地区劳动力再配置的影响并不能得到很好的观测。但是已有的经济理论指出，劳动力的再配置会带来生产效率的提高，体现在生产函数中就是全要素生产率的提高，因为再配置并不影响劳动力的人力资本水平和其他的一些影响生产的因素，只是通过改变资源配置方式带来生产效率的提高，因而再配置带来生产效率的提高将会反映在地区全要素生产率的提高方面。

直观来看，考虑移民群体对城市总产出的增加、对城市人力资本积累的增加主要考虑的还只是移民群体作为一种生产要素的投入，当这一生产要素的投入增加时，将会对城市的产出有着怎样的影响，也即生产要素投入的变化会对城市产出有着怎样的影响。但是这一思路并没有考虑到移民群体的增加会对城市的经济发展有着怎样的间接影响，也就是流动人口这一劳动力投入要素的增加通过影响城市的生产结构进而对地区经济产出的影响。

移民群体有着从事工程师等需要较高的劳动技能的群体，同时相较于本地居民，移民群体往往有着更高的学习意愿，这一更高的学习意愿可能会产生溢出效应，对地区的人力资本水平产生积极的影响（Hunt and Gauthier-Loiselle，2010；Keer and Lincoln，2010）。也有学者认为，移民群体的增加，会显著扩大移民流入地区的总人口规模，而人口规模的增加会带来集聚效应，减少各种经济活动的交易成本，交易成本下降同样会对城市的生产效率产生正向影响（Ciccone and Hall，1996）。

虽然已有研究从知识外溢的角度、从规模效应带来生产效率提高的角度分析了移民群体增加所可能对城市带来的影响，但这些都只是理论上的分析，缺乏翔实的实证证据。那么该从何种角度讨论移民增加对地区生产效率的影响呢？Peri（2012）为实证分析流动人口群体对地区生产的影响提供了一条可行的路径。其实证分析基于如下模型展开：

$$Y_{st} = K_{st}^{\alpha} [X_{st} A_{st} \Phi(h_{st})]^{(1-\alpha)} \qquad (2-14)$$

其中，s 代表不同的地区，t 代表不同年份。因而模型中的 Y_{st} 代表地区的总产出；K_{st}^{α} 代表地区拥有的资本总量；X_{st} 表示的是地区总的劳动投入，用地区总劳动力和劳动市场进行刻画；A_{st} 代表的是地区的全要素生产率；其中 $\Phi(h_{st})$ 是作者定义的一种测量技能密集性的指标，表达如下：

$$\Phi(h_{st}) = [(\beta_{st} h_{st})^{\frac{\sigma-1}{\sigma}} + ((1-\beta_{st})(1-h_{st}))^{\frac{\sigma-1}{\sigma}}]^{\frac{\sigma}{\sigma-1}}$$

$$(2-15)$$

其中，$h_{st} = H_{st}/X_{st}$ 代表高技能劳动力劳动时间占总劳动时间的份额，而 $(1-h_{st}) = L_{st}/X_{st}$ 代表了低技能劳动力劳动时间占总劳动时间的份额，参数 β 表示的是 s 地区在 t 年对高技能工人需求的一种测量。在上述表达式中，高技能劳动者与低技能劳动者具有固定的替代弹性 σ。作者认为不同技能水平的工人之间存在一定的替代性，即使劳动者的劳动技能不相同，但就最终的产出结果看，一定数量的低技能劳动力还是能代替高技能劳动力，因而作者假定参数 σ 大于 0。

为分解影响总产出的各种影响因素，作者首先将总的生产函数表示为人均的形式，也就是式（2-14）除以总的劳动力数量，其中 $y_{st} = Y_{st}/N_{st}$（N_{st} 代表 s 地区在 t 年的劳动力总量）。

$$y_{st} = \left(\frac{K_{st}}{Y_{st}}\right)^{\frac{\alpha}{1-\alpha}} [x_{st} A_{st} \Phi(h_{st})] \qquad (2-16)$$

其中，$x_{st} = X_{st}/N_{st}$ 代表平均每一位工人的劳动时间，而 K_{st}/Y_{st} 代表城市的资本产出比。将式（2-16）两边同时取对数然后再对时间进行求导，便得到不同组成部分的增长率表示形式，其中加^

第二章　迁移对生产效率和社会发展的效应：理论与经验

表示每种要素的增长率，最终的公式表示如下：

$$\hat{Y}_{st} = \hat{N}_{st} + \hat{y}_{st} = \hat{N}_{st} + (\frac{\alpha}{1-\alpha})\frac{\hat{K}_{st}}{Y_{st}} + \hat{A}_{st} + \hat{x}_{st} + \hat{\Phi}_{st} \quad (2-17)$$

式（2-17）分解了影响城市总产出的各种组成部分，同时也为分析移民对城市全要素生产的影响奠定了理论基础。从中不难发现，想要分析移民对城市产出的影响，只需要分别测量移民对式（2-17）右边的各要素的影响，即将式（2-17）右边的各要素分别对城市劳动力中流动人口的比重进行回归。为此，作者构建了如下的回归模型：

$$\hat{b}_{st} = d_t + d_s + \eta_b \frac{\Delta N_{st}^F}{N_{st}} + \varepsilon_{st} \quad (2-18)$$

其中，b_{st} 分别代表地区的就业总人数 L_{st}，地区的资本产出比 K_{st}/Y_{st}，地区的全要素生产率 A_{st}，地区的平均工作时长 x_{st} 和地区的技能密集指数 $\hat{\Phi}_{st}$；解释变量代表 $\Delta N_{st}^F/N_{st}$ 总就业中移民的比重，d_t、d_s 和 ε_{st} 分别代表时间固定效应、地区固定效应和残差项。通过对以上计量模型进行回归可以得到移民分别对总生产函数中的总就业人数、资本产出比、全要素生产率、平均工作时长和技能密集指数的影响，这样就能够量化移民对城市生产的影响。作者通过收集美国各州的数据分析发现：移民对城市的全要素生产率有显著的正向影响。这就说明移民的增加的确会对地区的全要素生产率产生影响，也能够在一定程度上说明移民的确会改变地区的劳动力资源的再配置。

移民群体作为一种生产要素的投入，对于城市的总产出的影响总是显然的，并且是能够直接观测的，但移民群体带来的地区经济结构优化对城市经济的影响并不像其作为生产要素投入带来地区经济的影响那么明显。虽然移民群体通过影响地区经济结构进而影响地区的产出这一机制并不能被直接观测，但从直觉上来看，移民群体对于城市经济结构的优化带来的地区生产效率提高的机制主要是通过如下方面来实现的：首先，移民或流动人口群体的增加能够提高城市规模，城市规模的提高会为城市带来集聚效应，也就是减少地区中各种经济活动的交易成本，这一影响能够有效增加城市的产出。其次，在自我选择的理论框架（Roy，1951）下可以看到，移民群体总是在移民流出地拥有较高人力资本的群体，因而其群体拥有较高的人力资本，这一高水平的人力资本对于促进本地区的创新等有助于促进地区生产效率的行为，有着显著的促进效果（Campo，et al.，2018）。最后，移民的增加对于增加劳动力市场的灵活性来说具有显著的效果，因为劳动力市场规模的提高对于劳动力市场的运行有着较大的挑战。更大的挑战会在一定程度上提高劳动力市场的实际运行效率，效率的提高也说明了劳动力市场更加具有灵活性，而更具有灵活性的劳动力市场，能够更好地匹配劳动者和工作岗位，好的就业匹配能够带来产出的增加，进而能够有效促进地区的经济发展。

三 社会发展

移民群体向城市的流入对地区经济的影响是已有研究关注的重点。但是人口流动对地区的影响不仅体现在经济方面，流动人口规模的增加对于经济因素以外其他方面也有显著的影响。考虑移民群体从一个地区向另一个地区流动，必然会扩大人口流入地区的总体人口规模。但是，分析人口流动对地区的影响不应当仅从人口流动会影响本地劳动者就业的角度出发，因为外来人口在城市找到了工作也会在城市生活。而流动人口在流入地生活，会带来诸多社会问题，因而由人口流动带来的社会发展问题也同样较为重要。同时，当综合分析人口流入地区和人口流出地区因人口流动带来的影响时，人口流动不仅会对人口流入地区的经济社会发展带来影响，同时还会对人口流出地区产生影响。

从人口流入地区看，外来人口的大量流入，会使城市中居住的人口大大增加。而人口规模增加，在影响地区经济发展之外，由流动人口规模增加对地区基本公共服务挤占问题同样值得关注。从现阶段的人口流动的状况看，尤其是在中国的城市化不断加速的过程中，家庭整体迁移的情况具有相当大的比重。所以会出现在流动人口群体居住在该地区以后，流动人口的第二代也会在其迁移的地区生活，当流动人口群体的后代成长为劳动者时，也会对于地区的劳动供给产生较大的影响。因而对于分析流动人口第二代对地区经济的影响也应当得到重视。因为各地区有着其独特的生活习俗与风俗习惯，移民群体在选择迁移后，相当于融入了一个新的社会环境。这一风俗习惯的改变，对于地区的影响也是需要关注的社会发展方面的问题。

（一）城市的公共服务

地区的公共服务提供给本地居民的福利，具有一定的封闭性。但是地方财政提供的公共服务并不完全具有排他性，只要是在该地区生活的人，就能够享受到地方财政提供的部分公共服务。流动人口作为非本地居民，当其流动到一个地区时，会对地方政府的财政产生两种不同的影响：一方面，因为公共服务不具有完全的排他性，因而流动人口流入该地区，自然能够享有地方财政所提供的地区公共服务，如果要保持地区公共服务的质量不下降，流动人口享有地方基本公共服务必然会增加地区的财政支出；另一方面，流动人口在其流入到一个地区并找到工作以后，自然需要在本地纳税，因而其会对地方财政有一定的贡献，增加地区的财政收入。考察流动人口对地区公共服务的影响也就是比较人口流动对地区财政这两个方面影响的作用大小。

Preston（2014）从一个封闭经济的假定出发，讨论了人口流动及流动人口群体在城市生活对地区财政及城市公共服务的影响。首先假定一个地区在没有移民冲击时的人口总数为 N，其中人均缴纳的税收是 T，那么地方财政的总收入为 NT。同时地方政府提供 K 种公共服务，地方财政所提供的公共服务有三种形式：第一种是公共物品类的公共服务，如城市道路、城市公园等，这一类公共服务对所有在该地区生活的人口开放，而且该服务在被人使用的同时并不会阻止其他人继续享有该服务；第二种是既有竞争性，同时还具备竞用性的私人物品类的公共服务，这一类公共物品只有本地居民才能享有，外来流动人口难以正常享有；第三种是不具有竞争性，但具有竞用性的物品，也就是说该服务对所有人开放，但该服务在被人使用的同时，其他人不能享受该服务。城市中平均每一位居民所能享有的公共福利为 G_k，$k=1,\cdots,K$，政府在每一项公共服务的财政总支出为 $\pi_k^0(G_k,N)$，因而地方政府在所有公共服务的总财政支出为 $\sum_k \pi_k^0(G_k,N)$。

当假定地方政府的财政是平衡的，那么地方政府的税收与财政支出的关系可以表示如下：

$$NT - \sum_k \pi_k^0(G_k,N) = 0 \qquad (2-19)$$

考虑地区遭受外来流动人口的冲击时，这一冲击会改变城市现有的人口数量与结构。城市的人口数量与结构发生改变，地方政府最终财政平衡的约束也会发生改变。当假定地方政府提供公共服务的均是公共物品类，因而外来人口增加并不需要政府增加投入，地区人口增加带来的影响只是人均所享有的公共服务减少。所以在地区经历流动人口冲击后会改变地区的总人口，地方政府的财政同样也会做出相应的改变，用公式表示如下：

第二章　迁移对生产效率和社会发展的效应：理论与经验

$$T - \sum_k \frac{\partial \pi_k^0}{\partial N} = \sum_k \left(\frac{\pi_k^0}{N} - \frac{\partial \pi_k^0}{\partial N} \right) > 0 \quad (2-20)$$

可以看到，当人均财政支出大于新增人口所享有的公共服务时，人口的增加是有益于地方财政的，但是这一财政方面的收益会带来人均享有的地方基本公共服务减少这一负面影响。所以当地区有外来移民时，这一移民的增加能够带来地区税收的增加，但同时，这一部分移民群体也能够享有地方财政提供的公共服务。在这种情况下，本地居民的税收贡献和公共服务享有分别表示为 T^N 和 $G_k^N, k=1,\cdots,K$，典型的移民的税收贡献和公共服务享有分别表示为 T^M 和 $G_k^M, k=1,\cdots,K$。可以把第 k 种公共服务的财政支出表示为 $\pi_k(\bar{G}_k, H, \mu)$，其中 $\bar{G}_k = (G_k^N + \mu G_k^M)/(1+\mu)$ 表示平均公共服务享有；$H = M + N$ 表示城市总人口；$\mu = M/N$ 表示移民对本地居民的占比。因此城市财政平衡时的预算可以表示如下：

$$NT^N + MT^M - \sum_k \pi_k \left(\frac{NG_k^N + MG_k^M}{H}, H, \mu \right) = 0 \quad (2-21)$$

当城市的移民群体会改变城市的财政预算时，那么这一城市移民比例的变化对于城市财政的变化可以表示如下：

$$NT^M - \sum_k \left(\frac{\partial \pi_k}{\partial H} + \frac{\partial \pi_k}{\partial \mu} + \frac{\partial \pi_k}{\partial \bar{G}_k} \frac{\partial \bar{G}_k}{\partial \mu} \right) > 0 \quad (2-22)$$

式（2-22）的本质就是用城市公共服务的财政支出对移民占本地居民的比重 u 求导。

可以看到，当满足如下等式时，地区人口的变化对于城市的财政收入有着正向的影响：

$$\sum_k \left[\frac{\pi_k^0(G_k^N, N)}{N} - \frac{\partial \pi_k^0(G_k^N, N)}{\partial N} \right] - \frac{1}{N} \sum_k \frac{\partial \pi_k^0(G_k^N, N, 0)}{\partial \mu} +$$

$$(T^M - T^N) + \frac{1}{N} \sum_k \frac{\partial \pi_k^0(G_k^N, N)}{\partial G_k^N}(G_k^M - G_k^N) > 0 \quad (2-23)$$

从式（2-23）可以发现，左式可以分为三个部分，第一部分为 $\sum_k(\pi_k^0/N - \pi_k^0/\partial N)$，表示因为地区人口规模的扩大，对地方财政的影响作用；第二部分为 $-(1/N)\sum_k \partial \pi_k/\partial \mu$，代表地区移民与本地居民组成的变化对财政提供公共服务的成本变化；第三部分为 $(T^M - T^N) + (1/N)\sum_k(G_k^M - G_k^N)\partial \pi_k/\partial G_k^N$，表示的是移民群体与本地居民在税收与公共服务上的差异。

当左式为正时，地区人口的变化对于地区的财政有着正向的促进作用。这也是显然的，因为此种情况表示的是移民对地区财政的贡献超过移民所能享有的地区财政支出。可以看到，移民对地区财政的影响在左式的第二部分与第三部分。因而探讨移民对地区财政的影响，只需要讨论移民群体带来的城市人口结构变化对城市公共服务支出的影响和移民群体本身与本地居民在税收与享受的城市公共服务的不同即可。

但在现实中，并不是所有城市财政所提供的公共服务都能被移民群体均等享有，移民群体会在享有城市部分公共服务时受到限制。当假定在其他方面移民群体与本地居民有相同的特征时，那么移民群体平均所能享有的公共服务要低于本地居民。而且也没有理由认为移民群体与本地居民在税收上有不同，因而移民群体的增加对于城市财政的影响往往是正向的。城市财政与地区所能提供的公共服务往往是正相关的，因而移民群体对于本地居民的福利影响往往是正向的（Borjas, 1999; Razin and Sadka, 1999; Jinno, 2013; Lacomba and Lagos, 2010）。

（二）长期发展

因为流动人口在流入城市的工作并不是一个短期的行为，而是一个长期持续的过程。所以在考察流动人口对地区的影响时，不应

第二章 迁移对生产效率和社会发展的效应：理论与经验

当局限于人口流动对地区的短期影响，而应当考察一个更长时期的影响。流动人口对城市长期的影响不仅体现在自身对城市较长时期的发展有着大的影响，而且对城市更大的影响是通过与本地劳动力群体之间互相影响的动态作用实现的。因而通过分析移民是如何影响地区劳动力决定这一方面，尤其是劳动力供给的决定，有助于更好地分析流动人口对流入地区产生的长期影响。移民的增加会改变地区劳动力劳动供给的决定，但移民对地区劳动力市场的影响不仅体现在对正在工作的劳动力的影响，更会影响地区未来的劳动力供给也就是移民的增加会影响本地未成年劳动力未来的劳动供给行为，对地区未来劳动力的供给行为的影响将会在很长的一段时间内影响该地区的发展。

当从地区只有两种劳动力供给的情况出发（Genicot, et al., 2016）来分析移民对地区劳动力决定的影响时，假定地区工资由如下模型决定：

$$w_{jt} = X_j L_{jt} \qquad (2-24)$$

其中，w_{jt} 表示技能水平为 j 的劳动力工资，$\eta < 0$ 表示要素的价格弹性，而 L_{jt} 代表的是在时间 t 技能水平为 j 的总劳动力，而 X_j 表示的是地区对技能水平为 j 的劳动力的需求。可以看到，对某一技能水平劳动力的需求和该地区该种劳动技能劳动力的总供给量，共同决定了地区某种劳动力的工资水平。

假定在初始的时候，低技能劳动力与低龄劳动力是相互替代的，那么在初始的时刻也可以将低龄劳动力看为低技能劳动力群体。在这种情况下，地区的低技能劳动力群体的供给为：

$$L_{ut} = N_{ut} + M_{ut} + \gamma C_t \qquad (2-25)$$

其中，γ 表示低龄劳动力与低技能劳动力之间的替代性，即一位低龄劳动力相当于 γ 位低技能劳动力。当成年的低技能劳动力的工资水平为 w_{jt} 时，那么对于低龄劳动力来说，其工资水平

只有 γw_{jt}。

假定成年劳动力的劳动供给是缺乏弹性的,每一位本地劳动者只有一个后代,移民群体没有孩子,每一位劳动者均生活两个时期。在第一个时期,低龄劳动者有在学校接受教育、休息和劳动三种选择,低龄的劳动者在接受了一段时间的教育以后,那么其在第二个时期就能够成为高技能劳动者。当我们把整个时期的时间标准化为 1 时,考虑到父母决定孩子的劳动力供给时间 $l \in [0,1]$ 和孩子接受教育的时间 $s \in [0,1]$,那么孩子的休息时间 $r = 1 - s - l$。当父母决定孩子接受教育的时间时,其会考虑到当孩子不接受教育时,其孩子的劳动工资仅为低技能劳动者的就业工资,当孩子的受教育时间为 s 时,那么孩子的工资水平将为:

$$\omega(s) = \omega_u + p(s)\Delta ; \Delta \equiv \bar{\omega}'_s - \omega'_u \qquad (2-26)$$

其中,$p(s) = s^\alpha, \alpha \in (0,1)$,$\bar{\omega}'_s$ 表示在第二个时期高技能劳动者的就业工资,ω'_u 表示在下一期低技能劳动者的就业工资。假定接受教育的成本有一个固定成本 κ,且教育的边际成本固定为 k,那么接受教育总成本可以表示为:

$$k(s) = \kappa + ks \qquad (2-27)$$

那么父母基于效用最大化的决策就是最大化如下效用函数:

$$E_\Delta U[y + l\omega_c - k(s), 1 - s - l, \omega(s)] \qquad (2-28)$$

其中,E_Δ 表示预期的高技能劳动者与低技能劳动者的工资差距。要实现效用最大化,那么效用函数就需要满足如下两个一阶条件,分别为:

$$E_\Delta U_1 \omega_C = E_\Delta U_2 \, if \, l > 0 \qquad (2-29)$$

$$E_\Delta U_1 k + E_\Delta U_2 = E_\Delta U_3 \alpha s^{-(1-\alpha)} \Delta \, if \, s > 0 \qquad (2-30)$$

结合以上两个一阶条件可知,如果家庭既决定其子女当期的工作时间,同时又决定其子女接受教育的时间,那么为达到效用最大化，父母的决策必须满足如下等式：

$$E_\Delta U_1(k + \omega_c) = E_\Delta U_3 \alpha s^{-(1-\alpha)} \Delta ifl, s > 0 \quad (2-31)$$

可以看到，低技能工人的工资水平越高，那么低龄群体接受教育的成本也就越大。那么追求效用最大化的个人只会接受更少的教育，从而将更多的时间用于劳动力市场。当继续考虑高技能劳动力可以看到，因为低龄劳动力在当期难以转化为高技能劳动力，因而高技能劳动力的供给表示为移民群体总的高技能劳动力和本地高技能劳动力，用公式表示如下：

$$L_{st} = N_{st} + M_{st} \quad (2-32)$$

劳动力市场最终达到均衡状态时高技能劳动力群体的工资表示如下：

$$\log(\omega_{st}) = \log(X_s) + \eta \log(N_{st} + M_{st}) \quad (2-33)$$

因为在第一期的时候还不存在流动人口，所以劳动力市场只有本地劳动者。因而劳动力市场上高技能劳动力的工资决定于本地劳动力高技能劳动者的数量和地区对高技能劳动力的需求。在第二期，流动人口向劳动力市场流动，所以第二期高技能劳动群体的劳动工资可以表示如下：

$$\log(\omega_{s1}) \approx \log(\omega_{s0}) + \eta\, m_{s1} \quad (2-34)$$

从上述公式可以看到，高技能劳动力的劳动工资由移民群体中的高技能劳动者的数量决定。同时低技能劳动力的劳动工资也受到移民群体的影响，因而低龄劳动者的教育选择受到移民群体的影响。作者认为，一般来看移民相较于本地劳动力有着更大的低技能劳动者的比例。因而移民群体的大量流入，会冲击地区的低技能劳动者的就业，从而使低技能劳动力群体的就业工资下降，相对增加高技能群体的劳动工资。对于本地低龄劳动者来说，会减少其群体接受教育所需的机会成本。所以会有更多的本地低龄劳动者选择接受教育，以使自己在未来成为高技能劳动者，提高预期的就业工资。相关实证研究发现：低技能移民群体的流入，增加了本地儿童的入学率，减少了他们的闲暇时间，这有助于增加未来高技能劳动力的供给。结果也就证明了移民群体的流入，会减少地区低龄劳动者的劳动时间，同时会增加低龄劳动者接受教育的时间。如果接受更长教育时间的话，那么移民的增加有助于在未来的一段时间增加高技能劳动力的供给，为城市的发展提供充足的高技能劳动力。

但移民群体对地区的长期影响不仅体现在劳动力市场的长期影响，流动人口对城市其他方面也会产生显著影响。Spenkuch (2014) 分析了流动人口规模对地区犯罪发生率的影响，其使用美国县一级的面板数据，研究移民规模与犯罪发生率发现，流动人口规模与犯罪发生率有着显著的正相关关系，尤其体现在抢劫率和盗窃率的发生上。这一关系发生的原因在于移民群体的经济状况更差，从而会出现移民群体越多的地区犯罪发生率越高。因为生活状况更差的流动人口群体，教育水平也会越低，犯罪的成本也就越低，因而会有更高的犯罪可能。但同样是研究移民与犯罪率的关系，Chalfin (2015) 通过分析美国1980年、1990年和2000年的调查数据发现，移民的增加不仅不会提高地区的犯罪发生率，还有助于减少地区的犯罪发生率。无论是移民群体会增加地方的犯罪率还是会减少地方的犯罪发生率，确切的结论还处于争论之中，但其中的一个共识就是移民群体的确会对城市地区的犯罪率带来显著的影响。

可以看到，移民的流入改变了地区的劳动力结构，自然会对地区的劳动力市场产生一定的影响。这一影响主要体现在劳动力市场状况的变化进而改变本地居民对未来的预期，进而改变劳动力供给行为，使低龄劳动人口在当期接受更多的教育减少劳动力供给。从上述分析看到，移民的增加相对增加了低技能劳动者的劳动力供给总量，因而会改变不同劳动技能群体的相对工资。不同劳动力群体相对工资的改变，会改变低龄劳动力接受教育的机会成本，而当这一机会成本降低时会使劳动者接受更多的教育以减少劳动供给，这会影响城市未来劳动力供给的质量。同时已有研究还认为，移民的增加，对于社会管理也会有一定的影响，体现在已有研究认为移民增加会改变人口流入地区的犯罪率，虽然这一研究的最终影响结果并不明确。

（三）减少贫困

移民对城市劳动力供给的影响和移民对地区社会保障的影响，研究的对象是移民对人口流入地的影响。但人口流动不仅会对人口流入地有着较为明显的影响，人口流动这一行为对于人口流出地同样也有着显著影响。特别是当流动行为是在国家内部进行的时候，因为人口流动同时会对人口流入地和流出地产生影响，所以人口流动的行为对于国家整体的社会发展影响就会被放大。流动更多的是发生在经济不发达地区向经济发达地区，而已有研究均发现，人口的流动对于人口流入地会有着正向的促进作用。但移民也会对人口流出地有一定的反馈，所以移民同样会影响着流出地，这一影响主要是通过汇款的方式实现。

虽然流动的行为主要是劳动者个体做出的，但是流动这一行为同时会受到家庭的影响，家庭其他成员的意愿会在很大程度上影响个体的流动决定。因而在将家庭作为一个整体分析流动行为的决定时，流动的决定必然遵循着效用最大化这一原则。流动行为的决定必然是能够满足家庭某一方面的效用，必然能够实现家庭某些方面的效用。De Haas（2006）以家庭作为一个整体，分析了家庭决定流动的原因。其认为，当把家庭看作一个整体来考察流动行为时，这一行为的目的可能不仅在于流动行为能够为家庭带来更多的收入，流动行为也能够为家庭带来稳定收入。因为对于一般的个体来说，都是风险厌恶者，如果流动性为能够减少家庭未来收入风险的话，那么对于家庭来说，做出流动决策就是有益的。因而在考虑到地区存在政治动荡和金融风险的问题时，就一般性的家庭看，未来的收入就存在着较大的风险。在这一背景下的家庭，为预防这一收入的风险，就会有较大的动机移民到其他国家或地区以避免这种风险。

作为对未来风险反应的移民行为，能够在一定程度上解释国际人口流动，但是这一理论机制并不能很好地解释国家内部的人口迁移。特别是考虑到发展中国家存在着规模较大的从农村向城市迁移的劳动人群。作为发展中国家，当其经济处于快速发展时期时，必然会产生部分地区经济发展速度远超其他地区，这自然就带来了经济发展程度的差异。部分地区因为更为优越的地理位置，所以经济发展速度更快，经济发展程度更高，而其中还有部分地区因为地理位置交叉，导致经济发展速度缓慢，经济发展程度自然也就更低。而经济发展程度的差异会造成较大的地区经济水平的差异，并且地区经济发展水平的不同同样会极大程度地影响地区劳动力市场的状况。为追求更好的经济状况，贫困地区的人口会有较大的意愿迁移到经济发展水平高的发达地区，因为这一迁移的行为能够在很大程度上改善家庭的经济状况。所以对于国家内部大规模流动原因的解释，用收入增加来解释人口流动要优于用风险规避解释人口流动。

迁移的行为能够缓解贫困，特别是对于一些经济发展水平低、地区贫富差距大的地区。当地区中的低收入群体流向经济发展程度更高的地区并获得就业时，不仅能够缓解贫困，还能显著改善地区的贫富差距问题。基于对贫困分析的基础之上，Adams 和 Page (2005) 建立了如下模型，以研究人口流动对缓解人口流出地区贫困的影响：

$$log P_{it} = \alpha_i + \beta_1 log \mu_{it} + \beta_2 \log(g_{it}) + \beta_3 log(x_{it}) + \varepsilon_{it}$$
$$i = 1, \cdots, N; t = 1, \cdots, T_i \qquad (2-35)$$

其中，P_i 代表国家 i 在 t 时刻的贫困率；α_i 是不随时间变化的固定效应；μ 表示的是国家的人均收入，因而 β_1 衡量的是人均收入对贫困发生率影响的弹性值；g 表示的是国家的基尼系数，这在一定程度上衡量了国家的收入差距，因而 β_2 衡量的是贫富差距对贫困发生率影响的弹性；x 表示的是国家的移民数量，因而 β_3 衡量了移民对国家贫困发生率影响的弹性；ε_{it} 表示残差项。作者考虑到贫困问题可能的内生性问题，因而用移民的汇款、国家教育水平和政治稳定性作为移民数量的工具变量。作者通过研究 71 个发展中国家的数据发现：国家的移民群体每增加 10%，会减少国内的贫困发生率 2.1%，用工具变量回归发现这一影响更是达到 3.5%。基于上述模型的实证分析的结果就直接表明，移民群体数量的增加，对于国内的贫困有着较为显著的影响。因而即使可以认为家庭中流动的决定部分受到家庭为缓解收入风险的影响，但更有可能的是，人口流动发生的原因在于家庭为增加未来收入并缓解家庭可能的贫困现象产生的。

人口流动能够缓解家庭的经济状况，特别是对于经济发展水平较低的地区与经济发展水平较高地区之间的人口流动，能够在有效缓解经济发展缓慢地区贫困现象的同时还能缩小收入的不平等问题（Biavaschi, et al., 2016; Jones, 1998; Keely, et al., 1989）。流动人口带来的正向效应，不仅体现为国际移民可能会像国内移民一样减少不平等现象，也就是国际移民可能在一定程度上缩小国家之间的差距，而且这一国际移民收入增加还会通过汇款的方式，促进其流出地的资本积累，资本的积累能够有效促进不发达国家的经济发展。其中，无论是国家内部的人口迁移还是国家之间的人口流动对不平等的缓解，都起到了缩小差距的作用，因而能够有效地维护社会整体的公平。

四 总结

　　上述的理论分析已经指出，流动人口对于地区的经济和社会发展均将产生较大的影响。本章在梳理了流动人口对社会的生产效率和社会的长期发展后发现：流动人口对地区的生产效率有显著的促进作用，而生产效率无论对人口流入地低技能流动人口群体还是高技能流动人口群体的影响都是显著的；流动人口还对社会的发展有比较明显的影响，这一影响不仅体现在对地方劳动力市场产生即期的影响，增加地区的劳动力市场规模。同时，还会影响到地方劳动力的人力资本积累，通过改变地区人力资本积累的选择实现。而且流动人口对于地区社会发展的其他因素也会有一定的影响，如犯罪率等社会问题。流动人口对于流出地的经济社会发展也有相当的影响，包括减少贫困、缩小收入差距等。

　　流动人口对于地区的影响首先体现在扩大劳动力市场上。人口流向某一地区，会有效扩大地区的劳动力市场规模，即使不考虑其他因素，这一劳动力规模的扩大也能够增大地区的总产出，影响地区的经济发展。在考虑劳动力市场会随着人口的流入而自动调整时，劳动力市场规模的扩大，会有效促进劳动力的分工。这一劳动分工体现在劳动力市场内部，因而在劳动力市场内部的劳动者会选择向自己具有比较优势的地方发展，进而使地区劳动力市场的专业化程度进一步提高。劳动分工带来劳动力市场专业化水平的提高，对城市的生产效率具有显著的促进作用。

　　流动人口能够有效改善地区的人力资本情况。劳动力是从一地向另一地迁移的，而这一迁移总是决定于劳动者个体。因而个体在选择迁移前,总是会对迁移的未来进行评估,只有自己期望迁移后的收入大于现在的收入,那么个体才有积极的迁移动机。所以对于迁移的个体来说,其人力资本水平在其原来地区总是处于比较高的行列,而且因为其个体选择迁移,所以在迁移后总是会有比本地居民更大的改善自身生活的动机,所以其对于自身人力资本的投资要高于本地居民。而且这一外来人口的流入,对于本地低龄劳动者的平均人力资本也会有着较大的影响。因为人口的大量流入降低了接受教育的机会成本,进而改变地区的人力资本积累的状况。

流动人口对地区的地方财政和公共服务也有相当的影响。人口的流入会改变地方的财政水平,但同时,外来人口流入地区自然会享受地方政府提供的一些基本的公共服务。已有的关于人口流入对地区财政及社会保障的研究发现,人口的流动对于地方财政和社会保障总是会有正向影响。流入人口虽然会享有地区的公共服务,但其同时也会促进地区财政收入的增加,而这一财政收入的增加往往会抵消其所享有的地区公共服务,甚至对财政增加的影响要大于因公共服务的增加从而导致的财政支出增加。也即人口的流入对地区的社会保障总是有正向影响,会促进地方居民享有的社会保障,这一社会保障水平的提高在养老方面的表现尤其突出。

流动人口也会影响社会的其他方面。因为地方的文化差异和其他方面的不同,所以人口的流入不仅会对地区经济方面的因素有较大的影响,同时还会对社会的其他方面有正向的影响。已有研究认为移民的增加会对地区的犯罪率产生一定的影响,移民群体会在某些类型的犯罪上起到保护的作用,进而减少了该地区该种类型的犯罪。同时流动人口还会对地区的创新有促进作用,流动人口带来人口规模的扩大,加大了知识的溢出效应,因而推动了地区的创业积极性。

可以看到，流动人口群体对于地区的经济发展具有显著的正向影响，这些影响多是长久的。在中国人口红利已经消失的背景下，需要正确认识流动人口所能带来的有利影响，制定合适的流动人口政策，以充分地发挥流动人口带来有利因素，创造新的流动人口红利。

第三章　户籍制度改革对扩大劳动供给的影响

一　引言

　　劳动力流动是劳动者为寻求更好的生活状态，自我选择的行为（Roy，1951；Borjas，1987）。劳动者通过权衡当前生活的效用与预期迁移后的效用，最终做出是否进行流动的决定。一般地，允许劳动力在区域间自由流动总是能够提高社会总体的生产效率。因为允许劳动力自由流动，更能发挥劳动力自身的比较优势，社会整体的生产效率因此也会有所增加。然而，中国固有的户籍制度，给劳动者迁移后的预期效用带来了负面的影响，减少了劳动者迁移的经济动因，因而在一定程度上抑制了劳动力的流动。就劳动者的迁移意愿看，中国户籍制度相当于给劳动力自由流动带来了负的外部性，降低了劳动力特别是农村劳动力流动的预期收益，这会导致劳动力市场难以达到允许劳动力完全流动状态时的最优劳动力配置效率。

　　改革开放以后，大量的资本涌入中国的东部沿海地区，劳动力作为资本的互补品，外来资本的流入相应增加了对劳动力的需求。劳动力需求增加，对于劳动力自由流动的要求也就更高。然而，在改革开放初期，户籍制度在一定程度上限制了劳动力的自由流动。在这一背景下，中国对劳动力流动及户籍制度政策不断进行改革，最终形成了表面上的劳动力自由流动状态。但实际上，劳动力流动还是受到了一定程度的限制。

迁移并不是一步到位的，特别是农村劳动力向城市的转移。农村人口迁移的过程有着一个前提条件，那就是需要允许劳动力从农村地区向城市流动，而且这只是完整迁移过程的第一个阶段。对于劳动力迁移来说，更为重要的阶段是允许迁移的劳动力在城市拥有自己的住所并长期居住（蔡昉等，2001）。改革对劳动力流动的限制虽然放松了完整迁移过程的第一阶段，即允许中国劳动力在城乡之间自由流动。但与劳动力流动政策不同步的户籍制度改革，却阻碍了完整劳动力流动过程的第二个阶段，对于劳动力的自由迁移仍然会产生较大的负面影响。

劳动和资本是影响经济发展最为重要的因素，这一类论断不仅适用于中国，对于世界上的其他国家来说也是同样适用的，其中的技术进步本质上可以看作资本和劳动力不断积累引致的。因而世界上任意国家在经济快速发展的过程中，要么经历着资本积累的快速增加，如欧洲工业工业革命时期经济的快速发展，很大程度上是由于这一阶段美洲的黄金和白银不断流入促成的；要么经历着劳动力投入的大量增加，如美国经济的快速发展时期很大程度上得益于第二次世界大战欧洲及其他国家移民的流入；要么经历着资本和劳动力投入同时增加造就的，中国改革开放以来经济的快速发展就是一个典型的例子。

对于不同的经济发展阶段来说，不同的经济增长方式对于经济增长的作用是不大相同。一般来说在经济处于一个发展水平较低的时候，无论是资本的积累还是劳动力的大量投入，都会对经济的快速发展起着较大的促进作用。但是随着经济发展到一定程度时，简单依靠资本和劳动力要素投入带来的经济增长效率是非常低的，需要选择更加有效率的经济增长方式。随着中国经济发展步入新常态，不仅代表着中国经济的增长的绝对数值降低，经济发展步入新常态更是代表着中国长期以来支撑经济快速增长的方式发生变化。改革开放以来，支撑中国经济保持着一个较长时期的快速增长有两个主要因素，分别是资本和劳动，这两方面因素持续的大量投入造就了中国保持30多年的经济快速增长。其中劳动这一要素，不仅能够对经济现阶段的发展有着较大的影响，而且劳动力投入的大量增加能够带来经济的快速发展。而且劳动这一要素对经济增长更为重要的方面是劳动者的人力资本水平决定了经济的长期发展潜力，因为劳动者人力资本水平的提高能够显著提高劳动力的生产效率，作用相当于增加了劳动力的投入。因而劳动这一基本要素的投入在中国经济发展过程中能够实际发挥的作用也愈加明显。

伴随着中国经济的不断发展，中国的劳动力市场也结束了改革开放初期具有的劳动力无限供给这一典型特征的二元经济阶段，跨越了"刘易斯拐点"之后的劳动力市场愈加逼近具有新古典发展特征的劳动力市场（都阳，2016）。在城乡二元经济结构下，劳动力具有无限供给的特征，所以劳动力投入的变化并不会对经济有着决定性的影响，资本投入的变化对于经济的发展有着更为重要的影响。但是在劳动力市场步入具有新古典的发展特征以后，有限供给的劳动力成为一种相对稀缺的投入要素。因而在这一阶段社会的经济发展会在很大程度上受到劳动力投入的影响，这一时期的劳动力投入决定了经济增长。如果说在城乡二元经济结构下，经济增长的源泉来自于农业部门劳动力转向城市非农就业部门的话，那么对结束了二元经济以后的中国经济来说，经济的增长将会在很大程度上受到劳动力这一要素投入的制约（都阳、贾鹏，2018）。

在标准的新古典理论下，产出可表示为 $Y = AL$ 这一形式，其

中 A 表示劳均产出。在对这一标准的产出函数分解后可以得到，产出的变化会受到劳动力投入和劳动生产率的影响。虽然劳动力供给绝对量的增长与这两部分均有一定的关联，但是这两部分对产出扩大的影响机制却是截然不同的。在劳动力供给总量不变的情况下，劳动生产率的提升对于经济产出的影响是显著的，同时也是学者普遍比较关注的影响经济产出的方面（郭庆旺、贾俊雪，2004），但是劳动力要素投入规模的扩大所能为经济带来的影响却罕有研究（都阳等，2014）。对于经济的长期发展来说，生产率起着比较大的作用，但是长期均是由短期组成的。因而考虑经济体短期的发展也是重要的，而劳动力市场规模的扩大对于短期的经济发展起着比较重要的作用。本章尝试在劳动力流动受到抑制的情况下，考察改革抑制劳动力流动因素对经济发展的影响作用。对于中国来说，户籍制度对于劳动力流动的抑制效应还是存在的。因而从中国的实际情况看，研究改革抑制劳动力流动因素，也就是考察户籍制度改革对劳动力供给的促进作用，并考察这一劳动力供给规模的扩大对于中国经济的影响，具有十分重要的意义。

本章的余下内容安排如下：第二部分分析中国农业人口对于扩大劳动力规模的可能性，因为相较于其他国家，中国的农业就业比重还是相对较高的，所以中国还存在可转移的农业劳动力；第三部分用计量的方法实证分析户籍制度改革对中国有效劳动力供给的促进作用，流动人口比本地居民有更高的劳动参与的倾向，这就为户籍制度改革带来劳动力供给的增加提供了可能；第四部分分析户籍制度改革与其他同步改革对劳动力供给的促进作用，重点分析影响女性劳动力参与的因素以及对这一影响因素的改革对劳动力供给的促进效果；第五部分进行简要的总结。

二 农村劳动力迁移对扩大劳动力供给的影响

分析户籍制度改革对劳动力供给的影响，必须对中国现阶段劳动力供给的状况有清晰的认识。就一般性的观点看，总体的劳动力供给状况总是体现为如下两方面的因素，第一个因素就是一个国家总的劳动参与率，另一个因素是劳动者的劳均工作时间。其中第一个因素决定了一个国家总的劳动参与人口，在国家总的劳动年龄人口不发生变化的情况下，更高的劳动参与率表示这个国家有着更多的劳动人口，而较低的劳动参与率会减少国家总的劳动人口，因而劳动参与率是影响总量劳动力供给的一个主要因素。虽然第一个因素解释了一个国家总的劳动力供给的大部分，但是第二个因素对国家劳动力供给也会有较大的影响。因为分析劳动力投入对经济总产出的影响，考察的实际上是经济体总的实际劳动投入时间，而分析实际的劳动投入时间需要分析单位劳动力的工作时间，加总每一单位劳动力的工作时间，我们便能够得到经济体总的劳动时间。因而在劳动参与率给定的情况下，单位劳动者的劳动投入时间决定了一个国家的有效劳动供给（即实际劳动力供给）。

（一）劳动参与状况

分析劳动供给总量，对劳动参与率的分析是一个重要的方面。分析国家整体的劳动参与率的情况，数据的选取必须具备良好的代表性。因为无论是劳动参与率还是劳动供给时间都会受到地区差异的影响，如地区的文化的不同可能会带来不同的劳动参与率和单位劳动者的劳动供给时间。因而仅分析某一地区的劳动参与情况，从而用这一地区的劳动参与情况代表全国总体的劳动参与情况的分析是不准确的。本章拟利用国家统计局2005年和2015年的小普查数据以及2010年第六次全国人口普查数据，从总体上描述中国自2005年以来的劳动参与率的变动趋势。很明显，国家统计局的大普查和小普查数据具有全国代表性，其数据所反映的信息能够代表国家整体的劳动参与情况。因为国家统计局的普查数据不仅囊括了全国省、市劳动者的劳动供给数据，同时其样本量也足够大，能够满足分析全国整体层面劳动参与率和劳动供给时间的需要。

从图3-1数据所反映的这3年整体的劳动参与情况看，中国的劳动参与率在这一个时期内呈现逐年下降的趋势，并且劳动参与率的下降幅度不断变大。其中，2005年与2010年劳动参与率的变化主要体现在16—24岁年龄人口的下降，这一劳动参与率的下降可以认为是大学不断扩招产生的影响，学龄人口比重的扩大会显著降低整体的劳动参与率。因为大学扩招延迟了劳动者进入劳动力市场的时间，所以会对整体的劳动参与率产生负面影响。对比2010年和2015年的劳动参与率情况可以看到，相对于2010年，2015年劳动参与率的下降不仅体现在16—24岁年龄段的人口上，在所有的年龄段，劳动参与情况都有不同程度的下降，并且下降程度普遍偏高。图3-1中还能看到，劳动参与率在年龄较低的阶段随年龄的上升不断增大，但是在45岁左右呈现不断下降的趋势，因而劳动参与率总体上呈现一种倒"U"形的趋势。比较年轻的群体（如16—24岁）和年龄比较高的群体（如55岁及以上）劳动参与率普遍较低，这两部分劳动群体的劳动参与率平均只有40%左右，远远低于其他群体80%左右的劳动参与率。劳动参与率在不同年龄段的普遍下降，说明中国劳动年龄人口劳动参与意愿在不断下降，我国劳动力市场的劳动参与状况不容乐观。

从普查数据中可以看到，中国分性别的劳动参与率有着较大的差异。其中将样本按照性别分组以后，得出的劳动参与率如图3-2所示。通过对劳动力群体按性别进行分组以后，绘制出的劳动参

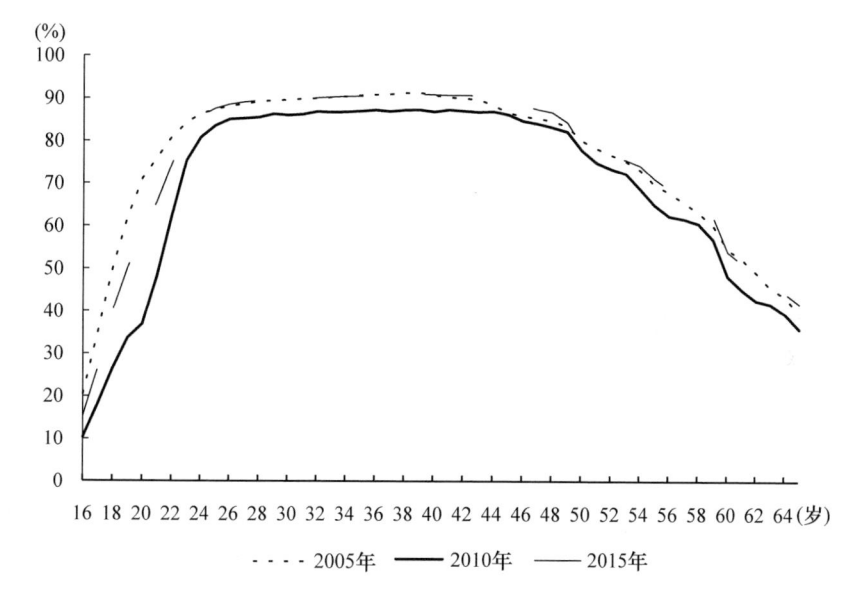

图 3-1　劳动参与率的变动

资料来源：屈小博、程杰：《劳动力供给转变与资源配置效率的关联度》，《改革》2017 年第 3 期。

与率同样呈现与总体样本相同的趋势，都是随着年龄的变化从而呈现倒"U"形的劳动参与率和整体逐年下降的劳动参与的趋势。从总体来看，男性的劳动参与率普遍高于女性的劳动参与率，这与一般的国际经验是一致的。无论是发达国家还是发展中国家，男性的劳动参与率都要普遍高于女性的劳动参与率。不过不同性别劳动参与率之间的差异，在经济发展水平较低的国家要大于经济发展水平较高的国家。从中国随时间变化的男女劳动参与率变化的情况看，女性的劳动参与率下降的幅度要高于男性的劳动参与率。2010—2015 年这 5 年间，男性整体的劳动参与率下降幅度约 3.3%，而在相同的时间段内，女性的劳动参与率下降接近 6.3%，下降的幅度大约是男性劳动参与率下降幅度的两倍。

总的来看，中国劳动参与率在 2005—2015 年间有较大程度的下降。如果中国的劳动参与率变化在未来的一段时间内仍然保持着这一趋势，那么在将来的一段时间内中国的劳动参与情况仍然不容乐观。同时，劳动参与率的下降不仅会受到每一个年龄段劳动参与率下降的影响。所有年龄段的劳动参与率都下降了，那么总体劳动参与率也将会有同等程度的下降。劳动参与率的下降还可能与人口老龄化相关。就一般的状况看，老年人口的劳动参与率要相对低于年轻群体，故而在人口老龄化不断加剧的背景下，国家或地区的总体劳动参与率也会呈现下降的趋势。中国在未来一段时间内的老龄化程度将不断加剧，表现在中国老年人口占总人口的比重在不断上升。因而在人口老龄化不断加剧的背景下（汪伟、艾春荣，2015），中国总的劳动参与率状况的恶化不仅会受到因时间趋势带来的劳动参与率下降的问题，还面临着不利的人口结构带来的总的劳动参与率下降，由此中国的劳动力市场状况只会变得愈加严峻。

(a) 男性的劳动参与情况

(b) 女性的劳动参与情况

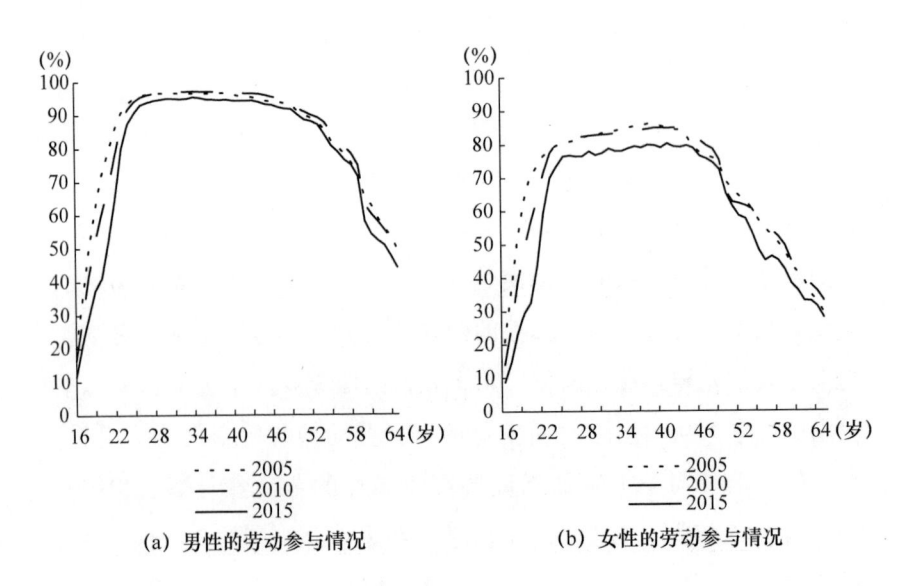

图 3-2 分性别劳动参与率

资料来源：都阳、贾朋：《劳动供给与经济增长》，《劳动经济研究》2018 年第 3 期。

（二）农村人口转移现状

就一般的国际经验看，随着经济发展程度不断提高，地区内部的农业就业无论是绝对量还是相对比重都将不断下降。总体上看，农业的生产效率要相对低于制造业和服务业的生产效率，经济发展程度提高意味着国家生产效率的提高。在生产效率提高的过程中，从事农业的就业人口会不断转向制造业和服务业就业。因为产业结构的改变，将会提升整体的生产效率。故而，在一个快速发展的国家中，从事农业生产的劳动力占整体劳动力的比重将不断下降，这已经属于经济发展中的一般规律（蔡昉，2018）。中国也同样经历了这样的一个过程，在改革开放初期，中国的农业劳动力就业比重占全国总体就业的比重超过70%。但随着经济的迅速发展，中国农业就业人员占比不断下降，到2017年农业就业人员占全国就业人员比重不到27%，图3-3为中国1978—2017年三次产业人员就业人员占全国就业人员比重变化的情况。

从表3-3可以看到，自1978年以来，中国农业就业人员占全国就业人员的比重不断下降。与此同时，第二产业和第三产业的就业人数占总就业人数的比重不断上升，从1978年农业就业人员占全国就业人口比重的70.5%、第二产业和第三产业就业人员占总就业人员的比重不到30%。到2017年农业就业人员占比为27%，而第二产业和第三产业总的就业人员占全国总就业人员的比重超过70%。很明显，中国整体的就业结构自改革开放以来有着明显的优化，但农业就业比重仍然过高，整体上要超过经济发展程度与中国相当的世界上的其他国家。

表3-1是2017年世界上人均收入为7500—12000美元国家的

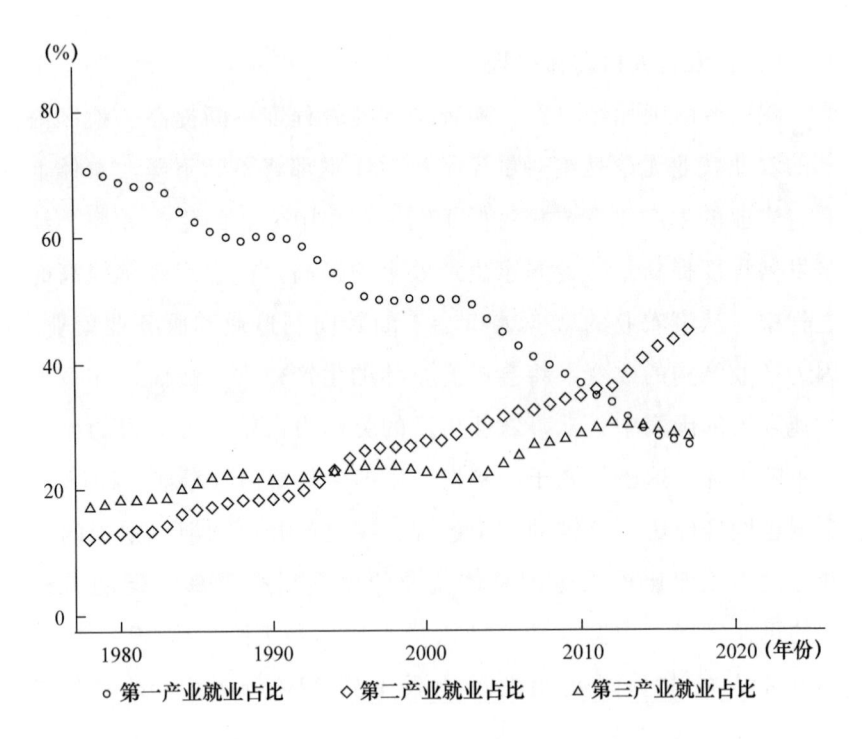

图 3-3 1978—2017 年三次产业就业人员占比

资料来源：国家统计局。

农业就业人员占全国劳动力的比重。① 在第二列"农业就业人口比重"中可以看到，人均收入水平为 7500—12000 美元的非非洲国家（包括中国）的平均农业就业人口比重为 11.88%，显著低于中国的农业就业人员比重 17.51%，虽然这一部分国家的人均 GDP 为 9662.93 美元，高于中国的人均 GDP。但是从第四列和第五列的数据可以看到，人均收入为 7500—10000 美元的非非洲国家（包括中国）的平均人均 GDP 为 8903.65 美元，与中国的人均 GDP8826.99 美元

---

① 数据来世界银行数据库。因为非洲国家的经济情况比较极端，要不就是极度贫穷的国家，要不就是资源丰富的国家，因而在样本中剔除掉了非洲国家样本数据。

非常接近，但是这部分国家平均的农业就业人口比重也只有11.39%，同样远低于中国的农业就业人口比重的17.51%。可以看到，无论是人均年收入为7000—12000美元的国家，还是人均年收入为7500—10000美元的国家，这部分国家的平均农业就业人口比重都要低于中国现阶段的农业就业人口比重。这说明就中国的实际情况看，农业就业人口比重要相对高于相同经济发展阶段的其他国家。

可以看到，从一般的平均量来看，中国的农业就业人口比重相对高于相同发展阶段的其他国家。从绝对量来看，中国农业就业人口比重较高的问题也较为突出。同样的，基于表3-1不难发现，与中国处于相同发展阶段的世界其他国家中，只有哈萨克斯坦和土耳其的农业就业人口比重的绝对量高于中国，而其他的国家无论是人均GDP高于还是低于中国，其国家的农业就业人口比重都要显著低于中国的农业就业人口比重。

表3-1　　　　　　农业就业比重与人均GDP

国家	农业就业人口比重（%）	人均GDP（美元）
黑山共和国	7.64	7669.57
保加利亚	6.26	8031.60
黎巴嫩	3.24	8523.75
中国	17.51	8826.99
哈萨克斯坦	18.05	8837.46
墨西哥	13.11	8902.83
圣卢西亚	15.34	9574.30
巴西	10.32	9821.41
马来西亚	11.01	9944.90
马尔代夫	7.48	10535.80
土耳其	19.39	10540.62
毛里求斯	7.28	10547.22
俄罗斯联邦	6.70	10743.10
罗马尼亚	22.91	10813.72

续表

国家	农业就业人口比重（%）	人均 GDP（美元）	农业就业人口比重（%）	人均 GDP（美元）
哥斯达黎加	11.99	11630.67	—	—
平均	11.88	9662.93	11.39	8903.65

资料来源：世界银行数据库（2017年数据），除去非洲国家数据。

无论是从平均量还是从绝对量上来看，中国的农业就业人口比重都要相对高于处于相同发展阶段的其他国家。按照经济发展的规律来看，农业就业人口比重会随着经济的不断发展逐步下降，但是中国的农业就业人口比重显著高于同时期一般的国际发展水平。很显然，这部分高出一般性国际经验的农业就业人口可能是由于某些外在因素的限制，从而才会出现农业就业人口比重难以下降到一般的国际水平，导致中国的农业就业人口比重要显著高于同等发展水平的其他国家。

户籍制度显然是中国农业就业人口比重相对过高的一个因素。由于中国户籍制度的特殊性，导致了户籍制度不仅起着人口管理的功能，还决定了劳动者在工作所在地所能享有的基本社会保障，在某些工作岗位上，户籍身份更是决定了劳动者是否能够获得该份工作。虽然有学者研究认为户籍制度对于劳动力短期流动的影响证据不足（孙文凯等，2011），但是户籍制度对于城市劳动力市场的分割（蔡昉等，2001；吴晓刚、张卓妮；2014；Zuo and Wang，1999）、就业工资（孙婧芳，2017）、歧视和幸福感（赵奉军，2016）有着较大的影响是毋庸置疑的。因此，即使户籍制度改革在短期内不会对农村劳动力的外流有着大的促进作用，但在一个更长时期内，没有了户籍制度的限制以后，农村劳动力是会有较大的向城市迁移的倾向。这一较大的迁移倾向，不仅是为了得到更高的收入（屈小博，2014；孟凡强，2014），也是为了让家庭的幸福感得到提升（陈钊等，2012）。因此，加快户籍制度改革的进程，能够在一定程度上加快农业劳动力的转移，增加中国城市劳动力的供给。

三 劳动供给的决定

制度性的因素固然会影响农村劳动力的外出与流动，进而会影响农村剩余劳动力是否进城从事城市中的非农生产。但是在考虑劳动者个体的劳动供给决定时，制度性的特征往往并不是最主要的影响因素。因为制度性的因素更多的是作用于整体的劳动力市场，对整体中每一单位劳动力施加一个负向或者正向的影响，进而影响总体的劳动供给。当考察劳动者个体的决定时，劳动者的个人特征、家庭特征和劳动者预期所能得到的工资水平，往往会对于劳动者的劳动供给产生更大的影响。这一制度之外的劳动者个体层面的特征，不仅会影响劳动力是否参与劳动，也会影响总体的劳动参与率，还往往会影响劳动力选择投入劳动力市场的劳动时间长短，也就是影响个体劳动力的实际劳动供给时间，进而影响国家总体的有效劳动供给。

当不考虑制度的原因，仅从劳动者个体的层面考察劳动参与的决定和个体决定的劳动供给时间时，劳动者工作的目的往往是大家关注的重点。在新古典主义经济学的分析框架下，建立个体层面的效用函数，进而分析劳动者个体的效用函数，就能得到个体劳动者的劳动供给决定。个体层面的劳动者追求的往往是最大化效用水平，因而在标准的劳动供给模型分析框架下，假定个体的效用来源于消费和闲暇，所以个体劳动者的效用函数可以表示如下：

$$U(c_i, l_i; X_i) \qquad (3-1)$$

其中，U 代表的是个体 i 的效用函数，其受个体的消费（c_i）、闲暇时间（l_i）和劳动者其他特征（X_i）的影响。在这一模型中，假定劳动者个体的效用水平完全由个体的消费、闲暇时间和劳动力供给时间决定。

当劳动者的消费受到其收入的约束，而收入又由个体劳动者的劳动收入和劳动之外的其他收入所决定，因此，单位劳动者个体的预算约束可以表示如下：

$$c_i = y_i + w_i(1 - l_i) \quad (3-2)$$

为简便起见，能够将劳动者拥有的总时间标准化为1。其中c_i表示个体的总消费，其受到个体的非劳动收入y_i和劳动收入$w_i(1-l_i)$的影响，w_i表示的是劳动者单位劳动时间的工资。对上述约束式简单变形后可以表示如下：

$$c_i + w_i l_i = y_i + w_i \quad (3-3)$$

但是本研究重点关注的是个体劳动者的劳动供给选择，即劳动者个体是否参与劳动以及劳动者选择的劳动时间（h_i）。而个体选择的劳动时间可以表示成劳动者的工资水平、劳动者其他的非劳动收入和劳动者其他的一些个人特征的函数，因而劳动者选择的劳动时间（h_i）的函数可以表示如下：

$$h_i = \begin{cases} h_i^s(w_i, y_i; X_i) \ \forall \ \{w_i, y_i; X_i\} \in U_l \\ 0 \ U_l \geq \lambda_i w_i \end{cases} \quad (3-4)$$

其中，λ_i表示的是收入的边际效用，U_l表示闲暇的边际效用。从上述个体的劳动参与决定式（3-4）可以看到：当工作边际效用（$\lambda_i w_i$）小于闲暇的边际效用时，个体i将会退出劳动力市场，其个体的劳动供给时间将为0；当工作的边际效用（$\lambda_i w_i$）大于闲暇的边际效用（U_l）时，个体i将决定参加劳动，在其他条件不变的情况，个体的劳动供给时间将决定于工作的边际效用与闲暇的边际效用的大小，理性的劳动者个体选择的劳动供给时间为工作的边际效用等于闲暇的边际效用时的劳动时间。所以对于每一单位的劳动者个体来说，其所选择的工作时间往往会与个体的劳动工资和劳动者对闲暇的效用评价有关，工资率水平越高的劳动者往往会选择更多的劳动和更少的闲暇，而对闲暇评价更高的劳动者会更多地选择闲暇和更少的劳动时间。

因为劳动者个体对于闲暇的主观评价是难以观测的，所以需要构建代表劳动者个体闲暇所能带来效用的指标。当劳动者个体闲暇带来的效用能够用其保留工资 w_i^* 表示的话，其效用函数可以表示如下：

$$U_l = U(w_i^*; X_i) \qquad (3-5)$$

劳动者个体的保留工资表示的是这样一种情况，即在这一工资水平下，对于劳动者个体来说，无论其是选择工作还是选择闲暇，带来的效用增量是完全相同的，这样的一种工资水平我们称之为保留工资。可以看到，劳动者个体的保留工资作为个体的一种预期，并不能直接观察得到，但是对于单位劳动者来说，其个体的特征和其家庭的特征将在很大程度上决定劳动者个体的保留工资。因此本章将利用劳动者个体特征及其家庭的人口结构作为其保留工资的代理变量，进行分析单位劳动力劳动供给的决定。

$$w_i^* = w_i^*(y_i; X_i) \qquad (3-6)$$

至此，本章已经有了劳动力进行劳动决定的理论基础。在此基础上，本章将使用国家卫生计生委展开的流动人口调查数据，对单位劳动者劳动供给决定的影响因素进行实证分析。

（一）数据选择

上述理论模型指出，观察劳动力劳动供给的决定需要考虑劳动者个体的因素、劳动者的家庭特征和劳动者参与劳动力市场的其他特征等信息。同时对于微观行为的考察又需要足够大的样本量，以保证选择的数据具有代表性。在这一情况下，本章使用 2016 年国家卫生计生委实施的流动人口动态监测调查得到的微观数据以分析影响个体劳动者劳动供给的决定。同时又因为本章需要比较本地居民与流动人口在劳动供给行为上的差距，所以在2016年流动人口数据的基础上加入2014年国家卫生计生委的本地人口调查数据，以比较不同类型人口劳动供给行为的差异。2014年国家卫生计生委除进行人口流入地流动人口的调查外，还额外选取了8个城市，以长表的形式开展社会融合和心理健康专题调查，调查问卷中同样也涉及调查人员的家庭基本特征和个人特征，这为本章分析劳动力的劳动供给决定和劳动时间决定提供了数据基础。

国家卫生计生委样本的选择是基于全国31个省（直辖市、自治区）和新疆生产建设兵团流入人口较为集中的流入地抽取样本点，因此该调查样本具有代表性。流动人口调查在保持了样本原有的代表性的基础上，总共调查的样本量约有20万人，保证了进行微观分析所需的大样本。同时因为样本是随机抽取，保证了样本能够很好地反映全国总体流动人口群体的实际状况。

国家卫生计生委进行的流动人口调查的问卷内容包括：家庭与人口基本情况；流动与就业特征；基本公共卫生服务；基本医疗服务；婚育情况与计划生育服务管理。问卷中包含了本章分析需要的流动人口个人特征和其家庭特征，因而能够在个体劳动供给的模型基础上分析流动人口和本地居民劳动供给的决定因素。

（二）变量描述

表3-2为回归中所使用变量的基本描述。主要被解释变量包括是否工作（是=1）和工作时间，解释变量包括个体特征和家庭特征，个体特征包括个体的年龄、年龄的平方、个体的性别和个体的受教育年限。由于问卷中只询问了个体的受教育程度（小学、初中、高中、中专、大学专科、大学本科和研究生）而并没有询问个

第三章 户籍制度改革对扩大劳动供给的影响

体劳动者的实际受教育年份,因而笔者将受教育程度依此转化为三等分的教育等级(包括初中及以下、高中和中专、大学专科及以上)。由于本章关注的是受教育水平的变化是否会影响劳动者对工作岗位的决定,所以不用详细考虑受教育年限边际变化对劳动供给决定的影响,因而教育等级与教育年份的转化并不会在很大程度上影响我们的主要结论。家庭特征主要是家庭的年龄结构的特征,包括家庭 6 岁以下儿童占家庭总人口的比例、6—18 岁人口占家庭总人口的比例、64 岁及以上老人占家庭总人口比例和家庭总人口数。

其他变量还包括对照组工资对数、家庭收入对数、是否迁移(是 =1)、是否城—城迁移(是 =1)。对照组工资是考虑个体选择可能出现的内生性(Gronau,1974;Heckman,1979;Roy,1995;Sattinger,1993),所构建市场工资的一个代理变量。这一代理变量的构造方法如下:根据不同劳动劳动力在城市、性别、受教育程度(共 3 个组,包括初中及以下、高中和中专、大学专科及以上)和年龄(共 5 个组),包括青年劳动群体(15—29 岁)、中年劳动群体(30—39 岁)、中老年劳动群体(40—49 岁)、老年劳动群体(50—59 岁)、银发劳动者(60 岁及以上)的不同构建了个体所在参照组的平均劳动报酬,用参照组的平均劳动报酬作为劳动者市场工资的代理变量,观察工资的变化会如何影响劳动者的劳动决策,这一代理变量能够在一定程度上解决因不同城市工资水平差异进而对劳动者个体选择带来的内生性问题。由于问卷中并没有涉及劳动者家庭的各项收入,仅询问了劳动者家庭在本地的总收入,因此本章就使用劳动者家庭在本地的总收入这一变量作为劳动者其他收入的代理变量。考虑到可能存在城—乡迁移和城—城迁移的不同,因而本章在研究过程中区分了城—乡迁移群体和城—城迁移群体。

其中,本章计量部分最终使用的数据基本描述结果如表 3-2 所示。从整体上看,劳动者的劳动参与率约为 83%,这说明样本中的流动人口群体的劳动参与率仍然较高；劳动者整体的周工作时间约为 54 小时，远超过一周工作 5 天、每天工作 8 小时的标准工作时间，这说明整体上样本的实际劳动供给时间较高；整体上，家庭收入对数的均值为 6.5，标准差为 3.27，最大值为 15.6，这说明整体上不同家庭的收入存在较大的差异；其中对照组的平均工资的对数为 8.2，最大值为 10.8，最小值为 3.9，这说明不同对照组的工资也存在较大的差异；整体上，劳动者的平均年龄为 36 岁，处于中等水平；男性样本占 53%，稍微高于女性样本的比重。

表 3-2　　　　　　　　　描述性统计分析

变量	观测值	平均值	标准差	最小值	最大值
是否工作	180346	0.83	0.37	0	1
工作时间	150413	53.96	16.92	1	112
家庭收入对数	180346	6.5	3.27	0	15.61
对照组工资对数	180346	8.21	0.36	3.91	10.77
年龄	180346	35.97	10.57	15	99
年龄平方	180346	1405.3	845.04	225	9801
男性	180346	0.53	0.5	0	1
受教育程度	180346	3.49	1.12	1	7
6 岁以下人口比重	180346	0.09	0.14	0	0.67
6—18 岁人口比重	180346	0.15	0.19	0	1
64 岁及以上人口比重	180346	0.02	0.1	0	1
家庭总人口	180346	3.13	1.15	1	10

（三）劳动者工作的决定

基于上述样本数据与最终的变量选择，构建如下实证分析模型：

$$P_{ijk} = \alpha_1 w_{ij} + \alpha_2 y_i + \alpha_3 X_i + \alpha_4 Z_i + R_k + \varepsilon_{ij} \quad (3-7)$$

其中，P_{ijk} 是城市 k 参考组 j 中个体 i 的劳动参与情况，1 代表参加劳动，0代表个体选择退出劳动力市场。w_{ij}是我们构造的个体i所在的参考组市场工资的代理变量。y_i代表单位劳动者个体i的家庭收入。X_i表示劳动者个体的特征，包括性别、年龄、年龄平方和受教育年数。Z_i代表劳动者所在家庭的人口结构，包括劳动者所在家庭的6岁以下儿童比重、6—18岁人口比重和64岁及以上老人比重。其中R_k表示的是城市虚拟变量，用于控制随城市变化且不随个体和其他因素变化的不可观测特征。ε_{ij}为随机扰动项。

从劳动者是否工作的Probit回归结果可以看到，无论是在全样本中，还是在分样本中，选择进入劳动力市场的选择均与年龄呈现倒"U"形关系。也就是随着年龄的不断上升，参与劳动力市场的概率不断上升，但是在劳动者年龄达到40岁左右时，这一劳动参与率将达到最高点。而在40岁以后，随着年龄的不断增加，劳动者个体参加劳动的概率不断降低。这一结果特征与上述描述性部分全国整体的劳动参与率表现相同，都是劳动参与率随年龄的增加而呈现倒"U"形特征。与女性劳动参与率表现类似，男性有更高的劳动参与率也同样与普查数据呈现的结果保持一致。

在总样本中，随着教育水平的提高，单位劳动者个体参加劳动的可能性也就越大。但是如果将样本分为本地居民与流动人口，那么受教育程度对个体劳动者劳动参与的影响并不相同。对于本地居民来说，接受更长时间的教育，进入劳动力市场的概率要相对高于流动人口。但是对于流动人口群体来说，更高的受教育年限，同样会提高劳动者个体劳动参与的可能。高教育水平带来更高劳动参与率的原因可能是，高教育水平的劳动者工资水平更高，因而有更大的进入劳动力市场的激励，退出劳动力市场的概率也就相应下降，所以表现出更高的劳动参与率。

从表3-3的回归结果还能看到，工资对劳动力个体劳动参与的决策影响效果比较大。在假定劳动力市场总共有1000个劳动者时，当其他条件不变时，工资水平每上升1%，将会新增3个左右的劳动者进入劳动力市场。但是工资对于本地劳动者和流动人口群体的劳动意愿影响是不大相同的。对于本地劳动者来说，工资水平每上升1%，将会新增2个左右的劳动者进入劳动力市场，而对于流动人口群体来说，工资水平每上升1%，将会新增4个左右的劳动者进入劳动力市场。工资的变化对于流动人口群体内部的影响也有较大的不同，其中工资的变化对城—乡流动的劳动力群体劳动参与意愿的影响要高于对城—城迁移劳动力群体的劳动参与的意愿。

对于家庭收入来说，无论是全样本，还是分样本，得到的结果都是一致的，都表现为家庭收入的提高会降低劳动者个体参加劳动的可能性。这说明家庭的收入与劳动工资之间有一定的替代关系，因为个体劳动者选择进入劳动力市场本质上还是为了得到就业工资、提高家庭收入。因而工资提高会增加个体参与劳动力市场的可能性，而家庭的收入越高，单位劳动者参与工作的可能性越会下降，反之则会上升。但从上述计量分析的结果可以看到，家庭收入的上升对不同劳动力群体的影响程度是不大相同的，家庭收入同样增加1%，对本地劳动力参加劳动的意愿降低相对少一些，而家庭收入同样增加1%，会对流动人口的劳动决定的意愿影响强一些，可能的原因在于相较于流动人口群体，本地居民有着更高的家庭收入。因而一个相同的收入变化，对于不同劳动者群体的边际影响是不相同的，对本地居民家庭的边际影响更小，但对流动人口家庭的边际影响则更大。

从家庭人口结构来看，6岁以下儿童占家庭人口的比重和64岁及以上老人占家庭人口的比重越高，对劳动力参与劳动决定的抑制作用就越显著，这一抑制作用对于本地居民和流动人口的影响方向是相同的。但无论是6—18岁人口占家庭的比重，还是64岁及以上老人的家庭占比，对本地居民劳动参与决定的影响都可能相对高于对流动群体劳动参与决定的影响。而家庭的人口规模对于本地劳动者是否参加劳动的决策具有正向的促进作用，这一正向的影响无论是对流动人口群体，还是对本地劳动群体，都是显著的。

从全样本中可以发现一个有意思的现象，那就是流动人口群体与本地居民之间存在固有的劳动参与意愿的差别。在全样本中，是否迁移的系数为正，且系数显著，这说明迁移将会显著增加劳动者的工作意愿，说明迁移群体本身与本地劳动力相比就具有更高的劳动参与意愿。迁移群体具有较高的工作意愿与直觉是一致的，因为迁移群体往往是对于劳动参与更积极的群体，迁移群体其流动的目的就在于在外地获得相对更好的工作以得到更高的劳动报酬。因而劳动者迁移的决定是带有某种目的且这一目的往往与更高的劳动报酬有关，这一正向的相关性与对照组正向的系数工资是一致的。从对照组工资来看，其系数显著为正并且大于本地劳动力群体的系数，这说明更高的工资对于劳动力的工作意愿可能有着更大的促进作用。

表3-3　　　　　　　是否工作的 Probit 回归结果

变量	全样本	本地居民	迁移人口	城—城迁移	城—乡迁移
年龄	0.171*** (66.15)	0.262*** (31.29)	0.161*** (57.72)	0.204*** (27.67)	0.147*** (47.96)
年龄平方	-0.002*** (-67.43)	-0.003*** (-31.88)	-0.002*** (-58.58)	-0.002*** (-29.93)	-0.002*** (-47.40)
男性（是=1）	0.521*** (54.48)	0.480*** (15.73)	0.532*** (52.46)	0.562*** (22.14)	0.514*** (45.69)
教育等级	0.132*** (29.59)	0.142*** (9.48)	0.131*** (27.98)	0.177*** (15.88)	0.136*** (24.27)

续表

变量	全样本	本地居民	迁移人口	城—城迁移	城—乡迁移
是否迁移（是=1）	0.084 *** (5.79)	—	—	—	—
家庭收入对数	-0.537 *** (-95.03)	-0.451 *** (-25.82)	-0.545 *** (-90.90)	-0.616 *** (-38.44)	-0.528 *** (-81.40)
对照组工资	0.360 *** (25.12)	0.220 *** (4.66)	0.371 *** (24.45)	0.297 *** (10.4)	0.434 *** (23.45)
家庭6岁以下儿童比重	-1.284 *** (-37.85)	-1.014 *** (-7.83)	-1.278 *** (-35.81)	-1.259 *** (-13.55)	-1.269 *** (-32.75)
家庭6—18岁人口比重	-0.345 *** (-12.49)	-0.760 *** (-8.20)	-0.283 *** (-9.61)	-0.311 *** (-3.59)	-0.262 *** (-8.31)
家庭64岁及以上人口比重	-0.271 *** (-5.45)	-0.470 *** (-3.34)	-0.415 *** (-7.53)	-0.154 (-1.37)	-0.441 *** (-6.82)
家庭人口数	0.127 *** (27.21)	0.187 *** (14.24)	0.117 *** (22.87)	0.170 *** (11.7)	0.105 *** (19.24)
城市	控制	控制	控制	控制	控制
观测值	180346	15978	164368	25671	138697

注：括号内为 t 值，*** 代表在 1‰ 水平上显著。

迁移群体往往拥有更高的劳动参与率，但是迁移群体具体的劳动参与时间表现如何呢？从表 3-4 的工作时间回归中可以看出，工作时间的劳动参与率与是否劳动的决定具有相似的特征。从年龄特征来看，同样的 40 岁年龄人口的劳动参与率表现出最高的特征，无论是年龄高于 40 岁和年龄低于 40 岁的群体，劳动参与率都要相对低于 40 岁年龄人口的劳动参与率，且这一与劳动者年龄相关的劳动力市场参与率的特征无论是对于全样本、本地居民还是流动人口均保持一致。

就性别分组来说，男性劳动者的劳动时间普遍高于女性劳动者，而且男性劳动者更高的劳动时间对于本地劳动群体和流动劳动者来说都是显著的。接受教育时间越长的劳动者，周实际工作时间越短。具体可以看到，教育时间每增加1年，对于本地劳动群体和流动劳动者群体的影响并不完全相同。从表3-4中的工作时间回归系数可以看到，在全样本中，教育年限每额外增加1年，工作时间就会减少约5%，在流动人口群体内部，教育时间的增加对于不同劳动群体劳动时间的减少也是不大一致的，对于城—城迁移的劳动者群体来说，劳动时间的减少要高于城—乡迁移的劳动力群体。

在全样本中，流动人口群体的整体工作时间要高于本地劳动者。在表3-4工作时间的计量结果中，迁移群体的劳动时间要显著高于本地居民，且这一固有的劳动时间提高的比例为11.7%。总体来看，劳动参与时间的回归结果与劳动参与决定的回归结果保持一致。特别是在是否流动、年龄和性别等特征上，变动的方向是完全相同的。而与劳动参与决定不完全相同的是，家庭的人口结构对于劳动时间的影响与劳动参与决定的影响是不大一致的。在全样本中，家庭6岁以下儿童比重会增加劳动者的工作时间，但是这一工作时间的减少在本地劳动者群体和流动劳动者群体之间是不一致的。对于本地居民来说，更高的6岁以下儿童比重会减少其劳动时间；而对于流动劳动者群体来说，更高的6岁以下儿童比重会增加劳动者个体的劳动时间。家庭6—18岁学龄儿童的比重对于不同劳动者群体的影响也是不相同的，学龄儿童比重的增加虽然在全样本中显示出增加劳动者工作时间的特征，但是具体的就流动人口群体和本地劳动者群体来说，学龄人口的比重增加会减少本地劳动者群体的劳动时间，会增加流动劳动者群体的劳动时间，可能的原因在于本地劳动者群体会花更多的时间指导子女的功课。家庭64岁及以上老人的比重在全样本中对于劳动者个体劳动时间的影响并不显著。但是其会减少流动人口的工作时间，特别是城—乡流动的劳动者群体的工作时间。

表 3-4　　　　　　　　　　工作时间回归

	全样本	本地居民	流动人口	城—城迁移	城—乡迁移
年龄	0.003 *** (3.88)	0.014 *** (4.35)	0.002 * (2.38)	0.005 ** (2.61)	0.002 * (2.03)
年龄平方	-0.000 *** (-4.96)	-0.000 *** (-5.80)	-0.000 ** (-2.74)	-0.000 ** (-2.75)	-0.000 (-1.80)
男性（是=1）	0.030 *** (12.59)	0.033 *** (3.7)	0.029 *** (11.89)	0.040 *** (7.36)	0.020 *** (7.31)
教育年限	-0.049 *** (-44.29)	-0.062 *** (-14.33)	-0.049 *** (-42.58)	-0.052 *** (-21.67)	-0.039 *** (-27.44)
迁移（是=1）	0.117 *** (29.46)	—	—	—	—
家庭收入对数	0.002 *** (6.87)	-0.001 (-0.78)	0.00227 *** (6.88)	-0.001 (-1.86)	0.003 *** (8.39)
对照组工资	-0.000 (-0.06)	0.115 *** (8.5)	-0.015 *** (-3.79)	-0.040 *** (-6.34)	0.011 * (2.14)
家庭6岁以下儿童比重	0.053 *** (5.79)	-0.162 *** (-4.36)	0.080 *** (8.39)	0.034 (1.56)	0.089 *** (8.5)
家庭6—18岁人口比重	0.072 *** (10.83)	-0.114 *** (-4.07)	0.089 *** (12.91)	0.070 *** (3.7)	0.080 *** (11.96)
家庭64岁及以上人口比重	-0.006 (-0.37)	0.055 (1.33)	-0.076 *** (-4.07)	-0.057 (-1.51)	-0.070 *** (-3.32)
家庭人口数	0.013 *** (10.53)	0.025 *** (6.48)	0.010 *** (7.6)	0.017 *** (5.24)	0.008 *** (5.74)

续表

	全样本	本地居民	流动人口	城—城迁移	城—乡迁移
城市	控制	控制	控制	控制	控制
观测值	150132	12708	137424	21032	116392

注：括号内为 t 值，***代表在 1‰水平上显著。

可以看到，在对照组工资水平上升时，无论是对劳动时间还是劳动参与的决定，正向的工资上升都会对这两方面起同样的正向影响，这说明工资对劳动者的劳动决定有着较大的影响。而对于劳动者的迁移决定也一样，迁移群体在是否劳动的决定和具体的劳动时间的决定上，都要高于本地劳动群体。劳动者工资和是否属于流动劳动者，对于劳动力供给两方面的影响是一致的，方向相同的两方面的影响，不仅会增强工资变化对劳动供给的影响，还会增加流动劳动力群体对劳动供给的影响。如果能更进一步地鼓励劳动力流动，会在一定程度上增加中国的实际劳动供给。

四 影响劳动供给的关键因素

从上述描述性分析和计量分析的结果可以得到，中国的劳动参与率正在逐年走低，这会对中国的劳动力供给总量有着较大的负面影响。与此同时，伴随着人口老龄化带来的不利于劳动力供给总量增加的人口结构发展方向，会进一步影响中国的实际的劳动力供给，使中国面临着更为严峻的劳动力市场状况。虽然经济体系的总体劳动供给在很大程度上取决于经济系统内部的发展，但是通过分析中国的行业就业比重及现实劳动供给状况可知，中国的劳动力市场还处于不断发展的过程之中，由于中国的劳动力的流动还是会受到一些外部因素的影响从而难以实现劳动力在城—乡之间的自由流动，特别是中国的户籍制度对劳动力的流动有着较大的影响。与城市的基本公共服务挂钩的户籍制度，造成了一定程度的城乡之间的不平等，而这一不平等又会影响劳动者的预期收益，从而会改变劳动者的流动行为，造成劳动力市场难以实现自由流动，降低劳动力市场对劳动力配置的效率。因而，基于上述分析的影响劳动力劳动参与决定和实际供给的劳动时间，以下几个方面的改革将会增加中国的实际劳动供给，缓解中国现阶段面临的严峻的劳动力市场状况。

首先，改革现有的户籍制度，消除户籍制度及其背后的原因对劳动力流动的负向影响。对比世界上经济发展水平与中国相近的其他国家的农业就业比例可以发现，无论是在平均值上还是在绝对量上，中国的农业就业比重都要显著高于经济发展水平相近的其他国家。中国较高的农业就业比重，很大程度上是受到制度约束的限制，户籍制度则是其中的一项重要因素。因为中国的户籍制度不仅肩负着人口管理，同时还担负着人口识别以便分配相应的基本公共服务的功能，这会导致因为户籍制度的原因而造就的不平等现象的出现。因而改革现有的户籍制度，使得户籍制度回归原本的人口管理功能，剥离因为户籍制度原因导致的不平等现象，会加速农村农业人口的流出，对于中国农业人口向城镇第二产业、第三产业的转移具有显著的促进作用，也有助于缓解中国现阶段日益严峻的劳动力供给状况。

已有的研究发现，鼓励劳动力的流动，对于扩大城市的劳动力市场规模具有积极的效应（都阳、贾鹏，2018）。都阳等（2014）分析了2005—2010年地级以上城市的劳动力数量变化的数据，研究发现城市劳动力总规模的变化相对于人口流动的变化弹性系数高达0.99，也即城市中流动人口就业比重每增加1%，就会扩大总劳动力市场规模0.99%。这一极高的劳动力流动比率变动与劳动力市场规模变化的关系，说明劳动力流动会对城市劳动力市场总体规模具有显著的正向影响。所以说，如果能继续鼓励农村劳动力外流，并能保持这一劳动力外流的趋势，劳动力的持续转移会对中国劳动力总量的供给有着非常积极的作用。

其次，完善婴幼儿及老年人的保障市场，以提高女性在劳动力市场上的参与率。从国家统计局的普查数据中可以看到，男性和女性之间的劳动参与率有明显的差异，本章通过应用微观数据的计量回归结果也显示男性的劳动参与率与女性的劳动参与率之间有着明显的差异。这两者之间劳动参与率的差异，为扩大劳动力市场规模、增加实际劳动力供给提供了可能。如果能够使女性的劳动参与率提高到与男性相同的水平，那么就会提高整体的劳动参与率，进而能够增加总体的劳动力供给。因而实施旨在提高女性劳动参与率的公共政策，提高女性的劳动参与率水平，缩小性别之间的劳动参与率差异，能够缓解中国现阶段劳动力供给的严峻状况，显著促进中国劳动力供给的增加。

好的经济政策需要找准女性劳动参与率低于男性的原因，只有准确找出影响性别劳动参与率的原因，才能有针对性地实施高效率的公共政策，提高整体的劳动参与率。女性劳动参与率低于男性可能的原因在于相较于男性，女性在非市场性的劳动领域具有更大的比较优势，如女性更有可能从事家庭中的小孩与老年人照料的工作。同时我们还关心本地居民可能与流动人口群体的不同，因而本章分析了女性劳动参与率与周劳动时间与家庭儿童比重和老年人比重之间的关系和是否属于流动人口与家庭老人数对劳动参与率的影响。因此，在上述计量模型的基础上，分别在模型中加入女性和家庭6岁以下儿童数与家庭64岁及以上老人数的交互项。同时还加入女性、家庭64岁及以上老人比例和是否流动的交互,并将以上三个交互项放入对是否参与劳动的回归。可以发现在总样本中,与男性相比,家庭的儿童比重和家庭的老年人比重越高,对女性劳动参与意愿的降低的作用就越大,这可以分别从女性与儿童的交互项与女性与老人的交互项的负系数得到。并且家庭的儿童比重和女性的交互项无论是对于全样本还是其他的分样本来说,对女性劳动参与的影响都是显著为负的,这说明儿童的数量对于女性的劳动参与有着显著的影响。虽然家庭中老人的比重对本地居民的女性劳动参与影响不显著,但是对于流动人口群体来说,这一影响是显著为负的,也就是说,家庭老人的比重越高,对于女性劳动参与的减少的影响也就越大。

从回归中得出更有意思的现象是,是否迁移、是否为女性和家庭64岁及以上老年人比重的交互项系数估计值显著为负。这说明老年人口比重的增加会同时对本地居民和流动人口的劳动参与有负向的影响,并且这一负向的影响对流动人口群体的女性来说更大,且这一差距是显著的。也可以表示,如果老人数量的增加对女性劳动参与的影响是通过需要更多的照料时间的这一渠道实现的话,那么政府提供更多的老年人照料,对于流动人口女性的劳动参与有着更大的促进作用。

从微观数据的回归中可以看到,家庭中儿童的数量和家庭中老年人的数量均会对女性的劳动参与情况有一定的影响,这说明了儿童与老人的数量对于女性的保留工资有着一个较大的影响。在这种情况下,如果公共政策将目标放在婴幼儿看护与老年人照料上,能够将这两种家庭内部活动市场化的话,那么不仅会提高女性的劳动参与情况,提高社会整体的劳动参与率,同时还可能因为分工的细化而带来社会整体生产效率的提高。

表 3-5　　　　　　　分性别和人口流动参与率影响因素

	全样本	本地居民	迁移群体	城—城迁移	城—乡迁移
男性	0.515*** (62.48)	0.546*** (21.81)	0.517*** (59.05)	0.372*** (17.55)	0.549*** (56.98)
女性×儿童比例	-1.690*** (-55.51)	-0.577*** (-4.29)	-1.787*** (-56.87)	-1.295*** (-16.01)	-1.875*** (-54.92)
女性×老人比例	-0.565*** (-3.59)	0.205 (1.24)	-1.843*** (-33.39)	-2.122*** (-19.76)	-1.722*** (-26.39)
迁移×女性×老人比例	-1.232*** (-7.43)	—	—	—	—
常数	0.851*** (145.29)	0.566*** (30.37)	0.881*** (142.44)	0.848*** (54.51)	0.886*** (131.57)
观测值	180346	15978	164368	25671	138697

注：括号内为 t 值，***代表在1‰水平上显著。

最后，改革现有的社会保障制度，抑制劳动力过早退出劳动力市场，同样有助于中国劳动供给的增加。对于大部分的劳动者来说，劳动者劳动与否的选择是为了获得工资进而通过消费来达到效用的满足。但是通过消费获得的效用满足同样也服从边际递减的规律，因而消费者期望从效用中获得的满足是有限的。并且对于劳动者个体来说，不同的收入获得之间是有一定的替代关系的。在这样的情况下，如果劳动者能够通过非劳动途径获得足够的收入，那么劳动者会相应减少其个体进入劳动力市场的可能性。从流动人口数据的回归中体现在家庭收入的上升会相应减少劳动者的劳动参与决定与劳动者的实际劳动时间，就体现了劳动外收入会影响个体的劳动参与的决定。

劳动者的其他收入尤其是养老保险的收入，会对劳动者的劳动参与决定尤其是老年人口的劳动参与决定产生较大的影响。养老保险能够为退出劳动力市场之后的劳动者提供比较稳定的收入。不同的养老保险是按照不同的方法设计的,所以能够为劳动者提供不大相同的退休后收入,因而不同的养老保险对于劳动者的影响或者是对劳动者劳动参与的决定有着不大相同的作用。程杰(2014)通过研究新农保和城镇职工养老保险发现,农村地区的新农保对农村人口向外转移有着抑制作用。产生这一机制的主要原因在于相较于没有新农保之前,农村老年人没有固定收入,因而这一部分临退休的劳动者群体有意愿在退休前外出工作以便为未来退休后的生活提供一定的收入保障,而新农保为农村老年人提供了较为稳定的收入。虽然这一收入水平相对较低,但还是会将劳动者吸引在农村。而城镇的职工养老保险会对农村的劳动力有吸引作用,倾向于将农村劳动力吸引到城镇就业,造成这一现象的主要原因在于城镇职工养老保险相较于新农保,其待遇更高,这一更高的未来收入预期将会对劳动者的转移有着比较大的吸引力。因而改革现有的养老保险制度,特别是如果能够将农村人口的养老保险统一纳入城镇职工养老保险制度之中,将会吸引农村劳动力向城镇的转移,能够在当期提高中国的劳动力供给水平。

五 总结

中国劳动参与率的下降对中国劳动力供给可能降低的影响,将会对中国经济产生较大的影响[1]。而劳动力的供给又与经济中总的劳动力投入规模和总的人力资本投入相关,劳动力供给这两方面的因素,都对经济的总产出有着相当大的影响,进而会影响经济的增长。而基于国家统计局小普查与大普查数据的分析发现,2005 年

---

[1] 都阳和贾鹏对劳动力供给中国经济增长的贡献效应进行了详细的阐述。参见都阳、贾鹏《劳动供给与经济增长》,《劳动经济研究》2018 年第 3 期。

以来，中国的劳动参与率逐年走低，尤其是2010—2015年，各年龄段人口的劳动参与率均有较为明显的下降。同时伴随着中国老龄化程度的不断加深，在未来的一段时间内，中国劳动力供给的态势将会变得愈加严峻，总量劳动力供给的下降趋势将会进一步加深。

通过将中国的农业就业人口比重与经济发展水平和中国相近的世界其他国家的农业就业人口比重的比较发现，中国的农业就业人口比重要显著高于世界其他国家。一般的经验表明，随着一个国家经济发展水平的不断提高，其国家内部的农业就业人口比重将会不断下降。在中国劳动参与率逐年走低的情况下，相对于经济发展水平，较高的农业就业人口比重为中国劳动力供给的增加提供了可能。而农业就业比重之所以高于经济发展水平应该有的农业就业人口比重，必然是因为农业就业人口的转移受到某些外在因素的影响，才导致的农业就业人口比重过高。改革影响农业就业人口转移的制度性因素，会加速农业就业人口的转移，缓解中国现阶段较为严峻的劳动力供给状况。

户籍制度即使不是影响农业就业人口转移的唯一影响因素，但也是影响农村人口向城市流动的一个重要影响因素。中国现有的户籍制度不仅被赋予了人口管理的功能，同时还肩负着人口识别以及提供城市基本社会保障的功能，这两个因素就为户籍制度带来的不公平提供了可能。基于国家卫生计生委流动人口调查数据的计量经济分析发现，相较于本地居民，流动人口无论是在劳动参与率还是实际的周劳动时间上都比较高。这也为户籍制度改革带来实际劳动力供给总量的增加提供了可能。改革现有的户籍制度，高于现阶段经济发展水平的农业就业人口的转移能够带来中国劳动力供给总量的增加，有效减轻劳动力供给下降所可能造成的不利影响。

同时本章还研究发现，相较于男性劳动力群体，女性劳动力群体有着更低的劳动参与率。进一步分析发现，女性劳动参与率较低是受到家庭里老人和儿童的影响,因为一般来说,女性相较于男性在家务活动上具有比较优势,所以女性可能会花更多的时间照料儿童与老人而减少了参与劳动力市场的时间。如果能够完善现有的老人与儿童照料服务,将这部分家庭内部活动市场化,将会对女性的劳动参与有着正向的影响,增加中国劳动力市场上的女性劳动力供给。

除此之外,本章还发现非工资性收入特别是养老保险会对劳动力的供给行为有较大的影响。不同的收入之间有着一定的替代关系,更高其他方面的收入会减少劳动者选择劳动的时间。而劳动者对不同养老保险未来的预期,也会在很大程度上影响劳动者的劳动供给决定。城镇职工养老保险能够比新农合提供更多的劳动力退休后收入,改革现有的养老保险体系,将农村劳动力纳入城镇职工养老保险,能够有效促进农村老年劳动力向城市的转移,增加中国的劳动力供给。

第四章　户籍制度改革的成本与城市化动态推进

以农民工"市民化"为核心推动的户籍人口城市化改革，是高质量城市化发展的核心。但是由于长期以来对户籍改革的成本认识不清，造成户籍改革成本的评估难以统一，导致难以正确认识户籍改革所需的成本多寡。本章将户籍改革的成本定义为城市基本公共服务与社会保障支出，研究发现，以基本公共服务均等化为核心推动的户籍人口城市化改革，考虑户籍价值每年增加10%，到2030年城市化水平达到70%，户籍改革总成本约为12万亿元，而考虑地区异质性的户籍改革总成本不会超过11万亿元，这一总量的户籍改革成本在财政上是完全可以承担的。在中国财政分权的制度下，户籍改革的困难不在于改革所需的成本大小，而在于更为科学合理的成本分担机制。所以户籍改革的核心在于构建一个好的成本分担机制，如果按照谁获益谁买单的原则承担户籍改革成本，那么中央政府享有更多的财政收入，理应在户籍改革上承担更多的责任，而不是由地方政府承担地区推进户籍改革所需的成本。

一　引言

伴随着40多年的高速增长，中国城市化水平有着大幅度的提升。

《中华人民共和国 2019 年国民经济和社会发展统计公报》显示，2019 年年底中国城镇常住人口城市化率已经超过 60%，而具有本地城市户籍的城市化水平只有 44.4%，其差距就是由长期居住在城市但却没有城市户籍的流动人口所"贡献"。这种"不完全城市化"造成了日益严重的经济社会问题。党的十八大报告提出的"提高城市化质量"的基本内涵就是要解决这一户籍人口城市化与常住人口城市化的现实差距。户籍制度改革是深入推进城市化乃至整个经济社会发展的重大问题。20 世纪 90 年代以来，以地方为主导不时尝试推动的户籍改革偶现亮点，但户籍制度改革始终缺乏全国层面的整体设计和统筹安排，以至于"地方化"控制和取向明显，落户准入条件基本成为地方政府的权限（Chan and Buckingham, 2008；Davies and Ramia, 2008），这也就导致了户籍制度的樊篱至今屹立不倒，户籍改革的步伐远滞后于公众的预期（吴开亚、张力，2010）。

以户口登记和管理为中心的户籍制度不仅是一项基本社会管理体制，也是一项与福利分配和资源配置密切关联的制度（蔡昉，2010；陆益龙，2008）。户籍制度长期发挥着两项扭曲的经济社会职能：一是保护城市劳动者优先获得就业机会，劳动力市场的排斥违反市场经济的要素配置规律，既降低了经济增长绩效也阻碍了城市化的进程（蔡昉等，2001；蔡禾、王进，2007）；二是保护城市居民享有更多基本公共服务与社会福利，这一部分城市提供的基本公共服务与社会保障几乎完全将流动人口排斥在外。无论是放宽落户条件，还是取消农业户口与非农业户口分类，只要流动人口没有享受到与本地居民均等的城市基本公共服务和社会保障，所谓的改革更多是一纸空文（Wang and Cai, 2010），能够起到实际的效果非常小。

户籍改革的关键在于剥离掉依附于户籍背后的公共服务和福利的不平等，让流动人口在就业、教育、医疗卫生、社会保障等方面享受与本地居民基本相同的权利和待遇,这在学术界和政策部门基本已有了共识(蔡昉等,2001;彭希哲等,2009),户籍制度的全面改革应该进入系统设计、全面改革、统筹城乡、覆盖全民的阶段(都阳,2012)。但是,究竟如何剥离?直接强制要求公共服务和福利与现行户籍脱钩,似乎并不能根本上解决问题,排他性的社会福利将会继续存在,只不过会转而形成新的障碍。剥离显然也不是简单地取消城市福利,而是让更多的人更容易享受原本排他性的福利,尤其是与人生存发展最直接关联的基本公共服务和福利。因此,剥离户籍背后的社会福利不是做"减法"而是做"加法",不是消除城市户籍人口原本享有的城市基本公共服务和社会保障,而是允许城市中的流动人口同样享受与本地居民均等的城市基本公共服务和社会保障。这就需要更多投入,对于改革者来说就是成本。成本的大小决定了改革的难度,也决定了实际改革的进程。

党的十八大报告明确将"加快改革户籍制度"写入其中,并强调"有序推进农业转移人口市民化,努力实现城镇基本公共服务常住人口全覆盖"。2019年政府工作报告又再一次强调提高新型城市化质量,要围绕解决发展的不平衡不充分问题,改革相关机制和政策,促进基本公共服务均等化,推动城乡融合发展。因此,在现有的财政分权、地方介入型经济发展特征的格局下,越是户籍含金量高的城市,越是抬高落户门槛,户籍制度改革越是难以推动。基于基本公共服务和福利均等化的框架,从整体上设计和安排户籍制度改革的方案和框架,不仅有利于调动各地方城市的积极性,推动户籍改革、探索可行的路径,而且从制度设计和改革内容上与中央政策一致。而不是一味突出难度,竞相抬高实际落户门槛,抑制高质量城市化的发展。否则,随着经济的发展伴随着城市化水平的提高,附着在户籍上的权益和福利会越来越多,导致户籍改革更加难以推动,真正高质量的城市化也就无从谈起。

本章余下部分安排如下：第二部分简要回顾已有对户籍改革成本的估计，指出已有研究的不足并提出对户籍改革的观点；第三部分提出本章使用的数据及户籍改革成本的估算方法；第四部分估计户籍改革所需要的成本，并分不同情况考虑不同状况下的户籍改革成本；第五部分进行简单的总结。

二 户籍成本的已有研究

户籍制度改革的成本有哪些？已有文献在不同层次和角度对其分别进行了解答。这些文献有的基于个人的角度，认为农民工市民化的成本只包括个人生存成本和个人发展成本（牛文元，2009）。也有的基于政府的视角，认为农民工市民化的成本范围包括教育支出、住房保障、生活保障、就业扶持、公共卫生和社会保障等基本公共服务方面（谢建社、张华初，2015；国务院发展研究中心课题组，2011；刘洪银，2013）。有些研究拓宽了城市公共服务面，将城市建设等公共发展方面的支出也纳入了户籍改革成本范畴之中（张国胜，2009；中国发展研究基金会，2010；康涌泉，2014；丁萌萌、徐滇庆，2014；张广裕，2015；周春山、杨高，2015；陈忠谊、李萍，2017）。但是户籍改革成本范畴的视角不止如此，因而也有些研究将基本权利保护、社会经济适应和城市生活融入等也纳入了农民工市民化的成本范畴进行考察（中国科学院可持续发展战略研究院，2005），吴开亚等（2010）通过不同城市的落户门槛指标，来考虑户籍改革所需的改革成本，也有研究通过居民消费水平和预期寿命来考察农民工市民化的改革成本（李江涛、张锦华，2011），还有研究从企业和社会的角度来考察农民工市民化的成本，认为农民工市民化的成本不应该仅仅包括同等享受和本地居民在就业、住房、子女教育、养老保险、医疗保险和各种公共福利待遇上的支出，还应该包括企业在农民工市民化过程中支付的职工薪酬综合的增加额等（胡桂兰等，2013）。

户籍改革成本范围的界定有相同的，也有不同的，但是户籍改革需要的成本大小，不同研究中估计的结果则是千差万别。陈广桂（2004）通过将全国城市划分为超大城市、大城市、中等城市和小县城分别计算，得到不同的城市规模农民工市民化的成本分别为34868元、18882元、10881元和8031元。中国科学院可持续发展战略研究院（2005）通过对全国城市数据的加总，计算得到每新增一个城市人口，当地政府所需的最低投入是2.5万元。国务院发展研究中心课题组（2011）通过其调研的重庆、武汉、合肥、郑州、东莞和嘉兴6个城市，以2010年不变价格计算，得到农民工市民化的人均公共成本支出在8万元左右。牛文元（2009）则通过全国50个城市的加总数据，计算得到一个农民工转变为市民平均所需的社会成本为9.8万元，按2006年不变价格，城市化所需的总成本为43万亿元。中国发展研究基金会（2010）通过在部分城市的调研数据计算，农民工市民化的人均成本在10万元左右，按2010年不变价格计算，在未来每年解决2000万农民工市民化需要投入2万亿元。李江涛和张锦华（2011）通过在广州市的调查数据计算得到，一个25岁的外地农民工成为广州市民所必须支付的最低成本为119.7万元。谢建社和张华初（2015）通过广东省G市的数据计算得到广东省G市的农民工市民化的平均成本为3265元/人·年，通过预期农民工的预期寿命，得到平均一位农民工市民化的总成本为156720元。可以看到，虽然都是从城市层面出发计算农民工市民化的成本，但是得出的成本大小有非常明显的差距。原因在于不同城市的经济发展水平不同，因而在城市面上的公共服务供给也是不大相同的，所以通过城市层面计算得出的农民工市民化成本差别非常大。同时因为对户籍改革成本范畴的定义不大相同，导致即使计算相同省份相同城市的户籍改革成本，所得到的结果同样存在着较大的差异。

已有文献不仅存在着在城市层面讨论户籍改革的成本，也有在省级的层面和国家整体层面上来计算农民工市民化成本。张国胜（2009）就在分省加总的数据基础上，通过计算农民工相对集中的43个城市数据，得到2009—2013年每年农民工市民化的总体社会成本为3900亿元，2014—2023年每年农民工市民化的总体社会成本为6080亿元。刘洪银通过各省地市的数据加总，计算得到全国平均农民工市民化的成本为1.3万元。张广裕（2015）通过甘肃省的数据，计算得到甘肃省农业转移人口市民化得到的平均人居转移成本为92396元。周春山和杨高（2015）通过计算广东省农业转移人口市民化得到广东省农业转移人口市民化的人均总成本为93523元。而吴华安（2016）基于已有研究成果之上，估算得到新增一个城市人口的最低投入在0.2万—5万元，统筹户籍改革中农民所需要负担的私人成本为0.2万—10万元。丁萌萌和徐滇庆（2014）基于全国总体数据，计算得到每位农民工市民化所需的当期成本为4024.8元，因而他们认为，即使当期就是全体农民工市民化也只需要政府财政投入6409亿元成本。虽然陈忠谊和李萍（2017）同样是基于全国总体的数据，但是计算得到的人均户籍制度改革的公共成本为80310元，因而其计算的户籍改革总成本远超其他的研究。

从已有对户籍改革成本的研究中可以看到，有的研究仅仅从单一或少数几个城市来计算户籍改革的成本，如谢建社和张华初（2015）只计算广东省G市的农民工市民化公共成本，这样计算得出的结果会导致较大的计算偏误，算出的户籍改革成本难以代表国家的整体层面。还有的研究将户籍改革的成本看作是一个人一生的消费，通过预期寿命和当地所需的最低生活金来计算户籍改革成本，这不是非常准确。因为其没有准确把握户籍改革的内涵，也没有注意到户籍改革的地区差异性所在，更没有一个完整的户籍改革时间表。导致计算得出的户籍改革成本比较片面，通常是夸大了户籍改革的成本。因而这不仅难以对户籍制度改革的进程起着指导性的作用，反而会因为高估户籍改革的成本，加大户籍制度改革的阻力，使得户籍制度改革的进程缓慢。

科学地评估户籍改革成本必须要考虑几个关键问题：第一，成本的范围，与户籍直接关联的公共服务与福利应该成为户籍改革成本核算的主体，而城市基础设施、公共管理等投入应当内化到城市化发展中，不应该纳入户籍改革成本中，否则会导致高估户籍改革实际所需的成本。第二，成本的地区差异，不同城市的户籍含金量和流动人口规模差异较大、分布不均，以平均值或几个城市的情况来测算户籍改革成本偏差较大。第三，城市化的动态推进，户籍改革成本估算直接服务于城市化发展战略，基于预期的城市化推进步骤进行估算的户籍改革成本才更有参考价值。而已有研究由于缺乏上述的部分考虑，以至于户籍改革成本的实际估计结果没有政策应用价值，甚至导致更大的户籍改革阻力。

本章基于公共服务和福利均等化的户籍改革思路，将户籍价值和改革成本的估算范围明确界定为与户籍直接挂钩、最直接关联的基本权利和福利项目。从全国地级市层面观察户籍改革成本的地区差异，整体评估全国户籍改革成本及其随城市化推进的动态变化，为户籍改革总体思路和方向提供参考，推动更高质量的新型城市化战略实施。

三 数据的使用及改革思路

以城市基本公共服务及福利均等化为核心的户籍制度改革，在目标上与中国推进的高质量城市化的目标是等同的，因而户籍改革进行的同时也就是城市化水平不断提高的过程，更是高质量城市化的发展过程。户籍制度改革的核心内容在于让城市外来流动人口均等享有本地居民在就业、教育、医疗、社保和住房等一系列城市基本公共服务与社会保障服务。本章统一将城市在人均公共服务上的支出称为该城市的户籍价值，所以户籍制度改革成本的计算也就是计算每额外增加一位城市居民，需要在这些公共服务也就是城市户籍价值上面增加的投入，然后对每一位新增城市居民所需要的户籍改革成本进行加总便可以得到户籍制度改革所需要的总成本。因为考虑到不同城市在公共服务层面的异质性，所以本章计算的户籍改革成本是基于各地级市层面的数据，这样估算的户籍改革成本具有全国代表性。本章计算的基础数据来自于《中国城市统计年鉴2014》《中国区域经济统计年鉴2014》，实际数据年份为2013年，其他数据来自《中国统计年鉴2017》、各地《国民经济和社会发展统计公报》和国库司。

估计户籍改革的总成本，首先需要明确户籍改革的群体。本章认为户籍改革或城市化的推进需要考虑两部分群体，其一是在城市工作但是没有本地户籍的流动人口，我们将这部分群体称之为户籍制度改革的"存量部分"，因为其群体已经在城市生活，但没有获得城市户籍，其二是在该城市范围内的农村人口，我们把这一部分群体称之为户籍制度改革的"增量部分"，因为其群体现阶段的生活区域并不在城市，因而需要考虑其群体的转移。2019年中国常住人口城市化率约为61%，户籍人口城市化率约为44%[1]，其中有接近17%的差距。这一常住人口城市化率与户籍人口城市化率的差额是由在城市工作而没有得到城市户籍的流动人口所贡献的，也

---

[1] 《中华人民共和国2019年国民经济和社会发展统计公报》。

就是城市化推进所需要解决的存量问题。根据已有研究发现（费潇，2013），城市化水平为64%—69%时"城市化红利"最大，但是我们现在的城市化水平仅有60%左右，相对于最优的目标城市化水平还有着一个不小的差距，这一差距也必然不是一两年就能够解决的，因而针对户籍制度的改革需要逐年推进，渐进改革。

我们不妨将目标城市化水平设为70%，而实现这一目标城市化水平的时间设定在2030年，基础数据来源为2017年。因而从2018年到2030年还有12年的改革时间。在这12年的时间里，我们不仅要将城市化水平从58.5%提高到70%左右，更重要的是要将户籍人口城市化水平从42.35%提高到70%的目标水平（2017年城市常住人口与城市户籍人口城市化率水平）。所以城市化推进要在12年的时间内解决12%城市化水平差距，也就是需要改革的"增量部分"，还要改革16%的常住人口城市化率与户籍人口城市化率的差距，也就是需要改革的"存量部分"。根据这一改革方案，我们首先计算全国水平上的户籍改革成本，考虑到各省份的户籍改革成本可能的不同会对户籍改革成本的计算造成影响，我们再计算各省份分别进行改革所需要的总成本。同时，分别计算户籍价值在静态状态下与动态状态下所需的改革总成本，静态状态下指的是户籍价值保持不变时的户籍改革总成本，而动态情景考虑的则是户籍价值按照每年增加10%计算得到的总的户籍改革成本。

四　户籍改革成本的估算

（一）户籍价值的评估

不同城市户籍价值的衡量是户籍制度改革成本计算的基础。基于全国地级市层面的户籍方面支出及地级市人口信息，我们初步计算得到全国层面的平均户籍价值为3334元。这一全国层面的平均户籍价值是通过加总地级市层面户籍方面的总支出，同时从《中国城市统计年鉴2014》中得到城市的户籍人口信息，然后用城市的户籍总支出除以城市的户籍总人口，得到的就是城市层面的平均户籍价值。再基于全国所有地级城市的户籍价值计算均值，得到全国平均的户籍价值大约为3334元。这表示的是在全国层面平均每增加一个城市人口，所需要的公共成本约为3334元。但是在全国层面计算的户籍价值代表的只是平均水平上的户籍价值，因为地区之间异质性的存在，不同城市的户籍价值必然是不相等的，而不同城市间户籍制度改革成本的差距可能正是我们所关注的重点。因为各城市需要的改革人数是不大相同的，平均城市户籍价值的不同，所以各城市需要为每一位新增市民支付的成本必然是不同的。户籍价值与所需的改革人数共同决定了城市的户籍改革成本，户籍改革人数与单位人口改革成本的不一致，会导致城市户籍改革总成本出现较大差异，而改革总成本的大小决定了城市层面户籍制度改革的阻力大小。城市户籍改革需要的总成本越大，户籍改革的阻力也就越大；户籍改革所需的成本越小，户籍制度改革的阻力也应当相对更小。

地区经济社会发展水平的差异，导致了地方政府财政收入的差距，也使得地方财政为城市提供公共服务的能力也是不完全相同的，公共服务水平的不同也就是城市层面出现户籍价值的差异所在。从城市层面数据计算出来的平均户籍价值可以看到，中国城市户籍价值在不同地区、相同地区不同城市之间有着显著的差异，而从城市层面的户籍价值变动趋势可以看到城市层面户籍价值存在如下几个显著特征。

第一，户籍价值随着城市总GDP的增加总体上呈现出先下降后上升的趋势。因为城市层面总的GDP水平，能够在一定程度上表示城市的经济发展水平，而户籍价值随着城市总GDP先下降后上升的趋势，打破了我们一般所认为的城市的户籍价值往往随着城市经济发展水平的不断上升而呈现不断上升的倾向。实际的数据显示，经济发展水平较低的城市也会有较高的城市户籍价值。详细观察城市 GDP 与城市户籍价值可以看到，在城市 GDP 水平较低时虽然会出现户籍价值偏高的现象，但是户籍价值在城市 GDP 水平较低时，城市与城市之间的户籍价值有着较大的差异。从图 4-1 中可以看到，在城市 GDP 水平在 1000 亿元左右的时候，户籍价值高的城市可以达到 1 万元，但是这只是在少数城市，大部分低 GDP 水平的城市，户籍价值都低于 5000 元。而随着城市 GDP 水平的上升，也就是随着城市经济水平的不断上升，城市之间的户籍价值差异在不断缩小，同时整体上也要低于城市 GDP 水平较低时城市的户籍价值。但是随着城市的经济发展水平进一步提高，城市的户籍价值有着上升的趋势。这体现在城市总 GDP 超过 5000 亿元时，城市的户籍价值在不断上升。

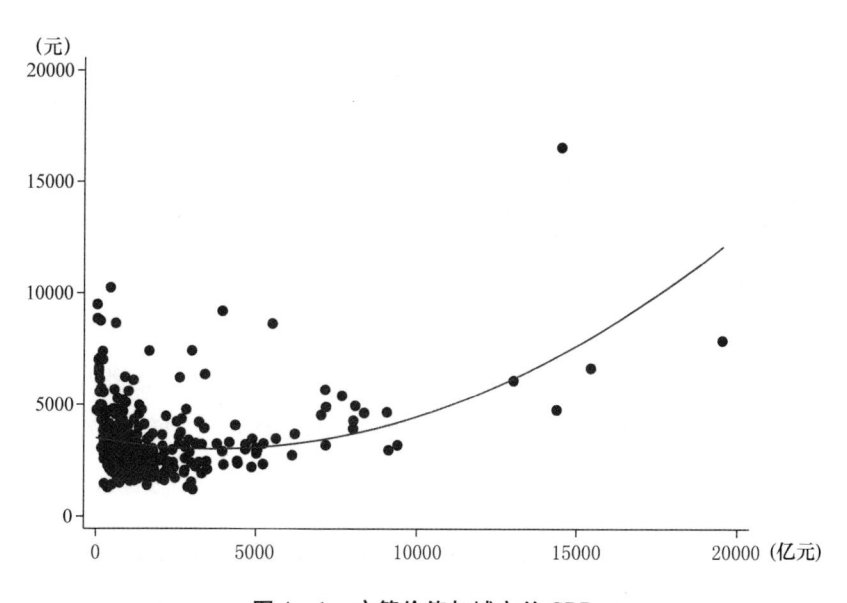

图 4-1　户籍价值与城市总 GDP

第二，城市的户籍价值随着城市常住人口的不断增加，呈现出先下降然后再上升的趋势，即"U"形曲线。城市的户籍价值和城市常住人口的关系与户籍价值和城市总 GDP 的关系保持相同的趋势，都是随着城市常住人口规模或城市总 GDP 的不断上升，呈现出先下降后上升的趋势。户籍价值在城市常住人口水平较低时，其城市的户籍价值反而要普遍高于全国的平均水平，其可能的原因在于城市常住人口水平较低，但是城市在公共服务上的投入保持在一定的水平，没有因为人口规模的因素而导致城市户籍方面的支出变得更少。这也就相当于提高了城市的户籍价值，对于户籍制度改革来说，城市每额外增加 1 个城市常住人口，需要城市提供的基本公共服务支出也就更多。从图 4-2 中可以看到，在城市常住人口水平较低时，城市户籍价值偏高，但是随着城市常住人口水平到 500 万人左右，户籍价值普遍开始走低，且出现大部分城市在这个阶段城市的户籍价值低于全国平均户籍价值的 3334 元。随着城市常住人口规模的进一步扩大，城市常住人口总量继续增加，户籍价值有缓慢上升的趋势，但是这一上升的趋势并没有非常的明显。在城市常住人口水平在 1000 万人的时候，城市之间的户籍价值差距比较大，但总体上在这一人口水平的城市，其户籍价值还是低于 5000 元水平的，虽然这一户籍价值超过全国平均户籍价值水平，但并不是非常高。当城市人口规模达到 1500 万人时，户籍价值也只是在 5000 元左右波动。从这一点可以看出，并不是城市规模越大其城市的户籍价值就会更高，有相当一部分小城市的户籍价值超过了大城市。这同样打破了我们的一贯看法，因为小城市人口追求大城市的户籍在中国是非常普遍的，但殊不知其放弃的小城市提供的人均基本公共服务水平可能高于其所追求的大城市提供的城市基本公共服务水平。

第三，城市的户籍价值随着城市劳动生产率也就是城市人均

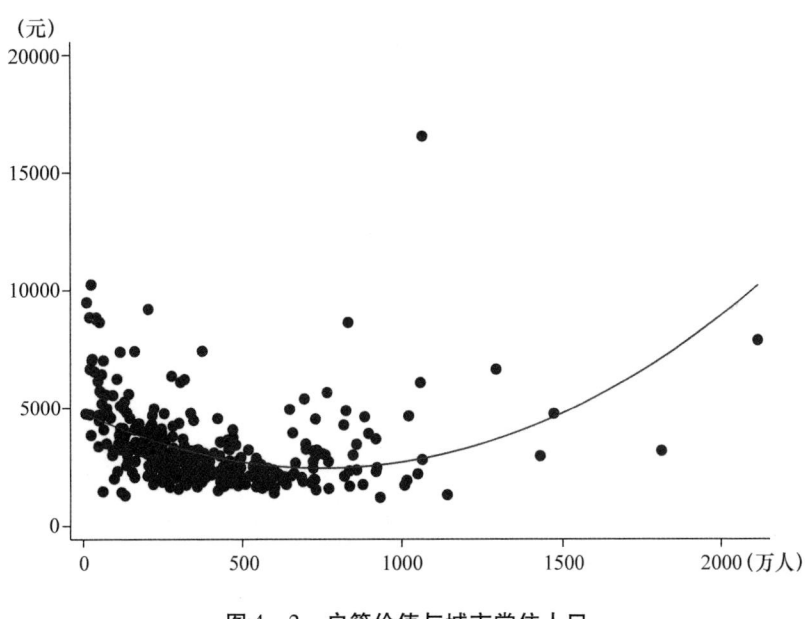

图 4-2　户籍价值与城市常住人口

GDP 水平的提高而表现出不断上升的趋势。这一点是比较符合理论和客观现实的，一般来说，城市劳动生产率水平越高，城市的地方政府就会有更多的财政收入，更高的财政收入就使地方政府有能力在城市公共服务及城市户籍支出方面投入更多，这就会使得城市公共服务水平较高，因而该城市的户籍价值也就更高。从图 4-3 中可以看出，随着城市劳动生产率水平的不断上升，总体上的城市户籍价值是在不断上升的，但是有些城市即使其城市的劳动生产率水平较低，同样也会有着较高的城市户籍价值，而即使城市的劳动生产率水平很高，也同样会出现户籍价值较低的情况。这说明户籍价值的城市差距不仅体现在城市人口和城市总 GDP，也体现在生产率水平不同的城市之间，同样还会出现于生产率水平非常接近的不同城市之间。而生产率水平接近的城市户籍价值之间存在较大的不同，在城市生产率水平较低的城市表现尤为明显。

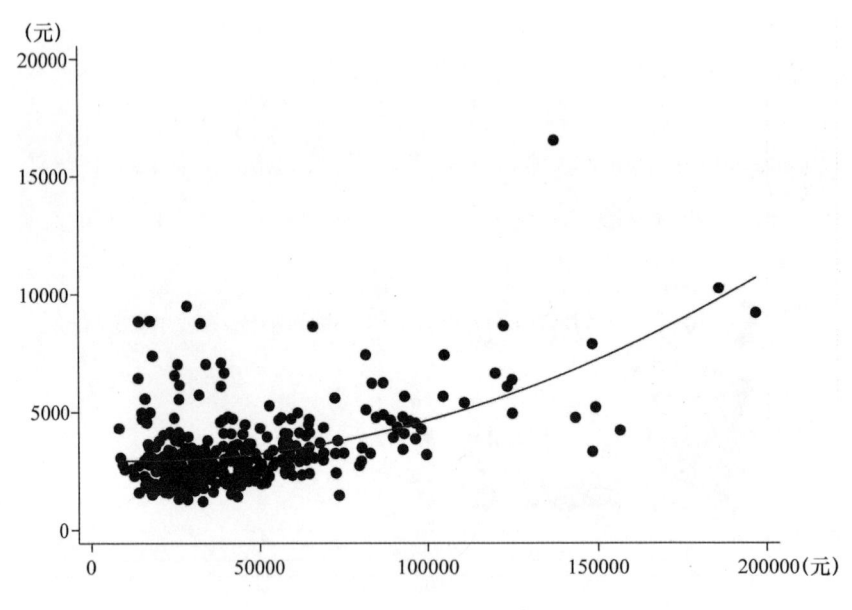

图 4-3　户籍价值与城市人均 GDP

第四，东部沿海地区等经济发展水平较高的城市户籍价值普遍较高，而中西部经济发展程度较低的城市户籍价值相对偏低，但是户籍价值在地区内部的不同城市之间也同样存在较大的差异。东部沿海地区因为经济更为发达的缘故，同时又能够较多地吸引外来劳动力的流入。又因为城市的公共服务或户籍方面的支出是一定的，但是这一部分公共服务并不对外来流动人口开放，城市的基本公共服务只为城市的户籍人口提供。因而会出现平均来说每一位户籍人口能够享受更多的城市所提供的公共服务和其他社会福利，这就表现出城市的户籍价值偏高。从表 4-1 中可以看到，城市户籍价值前十位的城市主要集中在广东省等一些经济较为发达的地区，这一部分城市因为较早享受到改革开放带来的好处，地区的经济较中部地区更发达，因而表现出相对较高的城市户籍价值。而城市户籍价值排在后十位的城市在湖北等一些中部经济不太发达的省份较多，但是可以看到也有不少的东部沿海城市户籍价值很低,如广东省的揭阳市和汕尾市,城市的户籍价值都是排在全国倒数的城市。这也就说明了户籍价值之间的差距不仅体现在经济发展水平较高和经济发展水平较低的城市之间,即使在同一地区,不同的城市的户籍价值也有着较大的差异。

表4-1　　　　　户籍价值前十位城市与后十位城市　　　　单位:元

城市	省份	户籍价值	城市	省份	户籍价值
深圳市	广东省	16535.0	邯郸市	河北省	1208.1
东莞市	广东省	8634.2	天门市	湖北省	1296.7
北京市	北京市	7881.7	保定市	河北省	1315.2
厦门市	福建省	7427.8	揭阳市	广东省	1400.5
珠海市	广东省	7419.9	仙桃市	湖北省	1424.1
广州市	广东省	6645.3	沧州市	河北省	1531.6
中山市	广东省	6226.5	汕尾市	广东省	1569.4
秦皇岛市	河北省	6110.1	阜阳市	安徽省	1584.7
苏州市	江苏省	6085.5	茂名市	广东省	1615.3
宁波市	浙江省	5666.3	潮州市	广东省	1648.2

资料来源:估算所得,其中上海城市数据缺失,户籍价值实际数据为2013年。

第五,不同省份的省会城市户籍价值也有着较大的地区差异。各省份的省会城市作为该地区的代表性城市,经济发展水平一般来说都是在各省份领先的,因而省会城市的户籍价值较本省来说一般偏高。虽然省会城市在省份内部相较于其他的城市可能有着较高的城市户籍价值,但是就全国层面上来看,不同省会城市之间户籍价值存在较大的差异。从表4-2全国省会城市户籍价值评估可以看到,不同省会的户籍价值有较为明显的差异,各省会城市的户籍价值有的低于全国平均城市户籍价值,也有的高于全国城市平均户籍价值。分地区来看，东部及经济发达地区省会城市户籍价值普遍都高于全国平均的城市户籍价值，如广州市和杭州市等，而中西部地区的城市户籍价值普遍偏低，如成都市和兰州市等。而且一般经济发达地区的城市省会户籍价值都大大高于全国层面上的户籍价值，而且城市户籍价值低于全国平均水平，它们之间的户籍价值差距也不是非常大。但是省会城市之间的户籍价值差距则比较大，经济发展水平比较高的北京市城市户籍价值高达7881.73元，但是同样是省会城市，石家庄的城市户籍价值则只有2202.57元，最高省会城市户籍价值是最低省会城市户籍价值的3倍。这一差异具有重要的现实意义，表示平均每一位北京市市民能够享受到的城市公共服务和福利的水平是每一位石家庄市民的3倍。

表4-2　　　　　省会城市户籍价值评估　　　　单位：元

城市	户籍价值	相对全国平均	城市	户籍价值	相对全国平均
石家庄市	2202.57	-	海口市	3322.30	-
重庆市	3186.04	-	济南市	3255.05	-
合肥市	3003.09	-	郑州市	3687.41	+
哈尔滨市	2811.29	-	呼和浩特市	4360.68	+
南宁市	2057.01	-	乌鲁木齐市	4482.31	+
福州市	3215.65	-	西宁市	3627.56	+
成都市	2963.05	-	长春市	3057.13	-
银川市	3305.81	-	南京市	4280.21	+
昆明市	3946.78	+	武汉市	4659.12	+
西安市	3461.77	+	沈阳市	4892.73	+
南昌市	3228.97	-	杭州市	4626.66	+
贵阳市	3647.06	+	广州市	6645.32	+

续表

城市	户籍价值	相对全国平均	城市	户籍价值	相对全国平均
长沙市	3183.92	-	天津市	4766.48	+
兰州市	3033.60	-	太原市	2979.66	-
北京市	7881.73	+	全国平均	3333.71	

注:"-"表示户籍价值低于全国平均值,"+"表示户籍价值高于全国平均值;数据为估算所得,删去了偏误较大数据。

(二)国家整体推动城市化

高水平城市化的发展过程中就包含了户籍改革所需的成本,因而户籍制度改革的同时往往是伴随着城市化同步推进的。不包含户籍制度改革的城市化推进必然是低质量的城市化,这一低水平的城市化也就是我们所说的常住人口城市化。因为城市常住人口城市化在一定的程度上限制了外来人口均等享有城市基本公共服务,虽然同处于相同的城市,但因为户籍的不同,导致所能享有的城市基本公共服务是不均等的。这是一个较为明显的不平等,因而其体现的是低水平的城市化,并不是我们所追求的高水平的城市化,也就是户籍人口城市化,而户籍人口城市化更能体现出高质量城市化所追求的基本公共卫生服务城市常住人口的全覆盖。

中国现阶段城市的常住人口城市化率与城市的户籍人口城市化率都相对较低,且常住人口城市化率显著低于更为理想的70%的城市户籍人口城市化率的水平,同时城市常住人口城市化率与城市户籍人口城市化率之间还存在着一个不小的差距,这会导致户籍制度改革难以一步到位,户籍制度改革必然是一个渐进的过程。因而想要进行户籍制度改革首先必须要进行整体层面的规划,设置每一个阶段的户籍改革目标,然后按照规划的设想逐年改革,以实现最终的户籍制度改革的目标。

实际的户籍制度改革是难以一步到位,这也就是说,城市的户籍价值是会发生变化的,但是作为户籍制度改革成本的估算来说,考虑静态户籍价值下的户籍制度改革成本对于分析来说也是有益的。因而我们在规划了户籍制度改革整体的推进方案基础上,计算了静态状态下户籍制度改革从开始到完成目标所需的总成本。这一理想状态下的户籍制度改革总成本约为9万亿元,其中解决"存量人口"所需的总成本约为5.3万亿元,而解决"增量人口"所需的总成本约为3.7万亿元。从表4-3中可以看到,在户籍制度改革初期也就是2019年,户籍制度改革所需要支付的总成本仅为1067.8亿元,其中存量成本大于增量成本是因为户籍人口城市化率与常住人口城市化率之间的差距大于常住人口城市化率与我们设置的目标城市化水平70%。户籍制度改革的支出仅占2017年政府相关支出的1.5%,这是一个比较小的数字,在财政上完全能够承受。户籍制度改革随着时间不断推进,为此所需要支付的改革成本也是不断增加的。但是同时也可以看到,户籍制度改革的成本即使在不断增加,也是在财政可以承受的范围之内。因为户籍制度改革成本在2030年也就是我们设置的达成目标时间的最后一年,当年的户籍改革支出也只占2017年财政户籍相关支出的18.4%,这不是个非常大的比例。因为我们并没有考虑财政支出的增长情况,在我们考虑了财政支出的增长情况下,这一户籍方面的支出占总财政支出的比重将有一定程度的下降。但可以看到,计算出来的户籍改革总成本即使没有考虑财政增加,户籍改革最终的成本在财政上也是可以承担的。

表 4-3　　　　　　　　　静态户籍改革成本

年份	存量年成本（亿元）	增量年成本（亿元）	每年总成本（亿元）	占户籍支出比重（%）
2019	624.4	443.3	1067.8	1.5
2020	1248.9	886.7	2135.6	3.1
2021	1873.3	1330.0	3203.3	4.6
2022	2497.8	1773.3	4271.1	6.1
2023	3122.2	2216.7	5338.9	7.7
2024	3746.7	2660.0	6406.7	9.2
2025	4371.1	3103.4	7474.5	10.7
2026	4995.6	3546.7	8542.2	12.3
2027	5620.0	3990.0	9610.0	13.8
2028	6244.5	4433.3	10677.8	15.3
2029	6868.9	4876.6	11745.6	16.9
2030	7493.4	5320.0	12813.4	18.4
平均	4058.9	2881.7	6940.6	10.0

注：数据为笔者估算，2017年全国户籍相关支出为69671亿元（财政部国库司）。

但是把户籍价值作为一个随着时间而不发生任何变化的量是不合理的。因为随着经济的进一步发展，城市居民对于城市的基本公共服务及社会保障的需求也就会越大，地方政府为满足相应城市居民的诉求，可能会增加在户籍方面的支出，因而在计算户籍改革总成本时采用动态户籍价值才是比较符合实际的户籍改革成本。同理，户籍相关的财政支出也需要进行相应的改变。因为未来的情况是不可知的，因而模拟户籍相关支出增加及财政支出的增加的增长率是难以明确的。但这并不妨碍我们估算户籍改革的总成本，我们完全可以假定一个既定的户籍相关支出的增加幅度，也就是户籍价值的增加及城市财政支出的变化。当我们考虑户籍价值和财政户籍相关支出随时间每年增加10%，在户籍改革目标价值与户籍改革的目标时间不改变的情况下，户籍改革总成本为12万亿元，其中解决城市已有存量部分的总成本约为7万亿元，解决城市增量部分改革的总成本约为5万亿元。在改革初期成本较小的时候，每年的户籍改革成本约占当年财政户籍相关支出的1.5%，在户籍改革最后一年，因为每年累积的改革人口及户籍价值的增加，最终会导致户籍改革成本有着一个较为明显的增加。但可以看到，最终年份的户籍改革成本也只占当年模拟的户籍相关财政支出的11.5%，从平均层面看，每年户籍改革成本占户籍相关支出的比重仅约为7.3%。基于上述计算出来的户籍改革成本的数据，户籍改革的总成本在财政上完全是可行的。因为户籍改革每年所需要的户籍改革成本支出完全在财政可承受范围之内，户籍改革成本最高的年份也只占据相关方面财政支出的11.5%。

表4-4　　　　　　　　　动态户籍改革成本

年份	存量年成本（亿元）	增量年成本（亿元）	每年总成本（亿元）	占户籍支出（%）
2019	624.4	443.3	1067.8	1.5
2020	1311.3	931.0	2242.3	2.9
2021	2066.9	1467.4	3534.4	4.2
2022	2898.1	2057.5	4955.6	5.3
2023	3812.3	2706.6	6518.9	6.4
2024	4818.0	3420.6	8238.6	7.3
2025	5924.2	4206.0	10130.2	8.2
2026	7141.1	5069.9	12211.0	9.0
2027	8479.7	6020.2	14499.9	9.7
2028	9952.1	7065.6	17017.7	10.4
2029	11571.8	8215.4	19787.2	10.9
2030	13353.4	9480.3	22833.7	11.5
总和	71953.4	51083.8	123037.2	7.3

注：数据为笔者估算。

对比户籍制度改革的两种情况看来，静态状态下的户籍改革所需要的相对成本高于动态情境下的户籍改革成本，体现在占财政相关支出的比重更高。但就绝对量来看，还是动态情景下所需的户籍改革总成本更高。虽然在绝对量上来看，静态情境下的户籍改革总成本在改革结束期是1.3万亿元，而动态情境下的户籍改革完成时需要的户籍改革成本是2.3万亿元。但是随着财政在户籍相关的支出不断增加，因而计算出来的静态状态下的相对成本要高于动态状态下的相对成本。在现实状况下动态的情景更加真实，其体现了城市户籍相关支出和财政相关支出的变化，因而我们认为模拟的动态下户籍改革的总成本更接近实际的户籍改革总成本。通过估算户籍改革的总成本可以看到，无论是在动态情景还是静态情景下户籍改革的总成本在财政上是可承受的，不会占据过多相关财政支出，最高的情况下也仅占户籍相关财政支出的10%左右。因而基于基本公共服务均等化的户籍改革所带来的高水平城市化的推进具有现实的意义，也能够实质性地展开。

（三）地方层面推动的城市化

户籍人口城市化的推进需要在整体层面上进行设计，但是考虑到不同地区的城市化水平和户籍价值的不同，因而基于基本公共服务均等化的户籍人口城市化推进的总成本在地区之间必然存在较大的差距，所以从地方层面考虑的户籍改革总成本更具有现实的指导意义。

上述部分计算的户籍改革成本是基于全国地级市层面的户籍价值，进而计算的全国层面的平均户籍价值。本节基于各省份不同地级市的户籍价值，计算各省份的平均户籍价值，同时根据各省份年度的《国民经济和社会发展统计公报》，得到各省水平上的户籍人口城市化率与常住人口城市化率，然后按照《中国统计年鉴2017》

报告的各省人口数计算各个省份户籍制度改革实际所需的总成本。与基于全国层面的户籍价值计算的户籍改革成本类似，按照户籍价值按照一定增长率，估计动态情景下各省户籍制度改革所需要的总的户籍改革成本。

从表4-5中不同省份户籍方面的支出、户籍人口城市化率、省份层面的城市常住人口城市化率和各省份的总人口可以看到，总体上户籍价值高于全国平均户籍价值的省份，其城市常住人口城市化率与户籍人口城市化率也同样相对高于全国平均城市化率；而户籍价值低的省份，其常住人口城市化率与户籍人口城市化率普遍低于全国平均水平。表4-5清晰地表现了这一特征，户籍价值偏高的地区如北京、天津和广东等，其城市的常住人口城市化率偏高，甚至都超过我们所假定的目标城市化率，而其城市的户籍人口城市化率也要相对高于全国的平均水平，虽然户籍人口城市化率并没有达到我们假定最终要达到的改革目标。而户籍价值低于全国平均水平的地区如河南和四川等，其城市的常住人口城市化率与户籍人口城市化率都要低于全国平均水平，这可能会因为更低的户籍价值从而导致更低的户籍改革成本，但也有可能因为更多需要改革的人群带来更高的户籍改革成本。我们还能看到户籍价值偏低的省份，其地区人口也相对较多，如河南和四川等地区，人口都超过8000万人，这说明这些地区从改革总人口的角度看，其户籍改革的任务也相对更重。户籍价值偏高的地区虽然其地区人口也相对较多，但是其城市有着更高的城市常住人口城市化率，因而任务相对可能较轻。从户籍价值较高的省份其户籍改革人口数量较少，而户籍价值较低的省份其户籍改革所需的改革人口较多这一情况我们可以初步判断，如果基于城市基本公共服务均等化的户籍人口城市化改革是在地区层面计算的话，其所需的户籍改革总成本可能要相对低于在全国层面计算的户籍制度改革总成本。

表 4-5　　　　各省财政支出、城市化率和人口

省份	教育支出（亿元）	住房支出（亿元）	医疗支出（亿元）	就业支出（亿元）	户籍价值（元）	常住城市化	户籍城市化	人口（万人）
安徽	634	213	349	392	2640	0.54	—	7059
北京	402	46	165	363	7882	0.87	0.63	2171
福建	519	44	202	213	2968	0.65	0.48	3911
甘肃	326	94	153	288	3421	0.46	—	2626
广东	1539	206	533	673	3857	0.70	—	11169
广西	520	93	260	259	2193	0.49	0.31	4885
贵州	496	188	215	213	2704	0.46	—	3580
海南	38	7	17	18	4011	0.58	—	926
河北	727	122	355	370	2451	0.55	0.40	7520
河南	1030	182	461	533	2233	0.50	—	10853
黑龙江	407	126	172	406	3354	0.59	0.50	3789
湖北	558	122	307	526	2387	0.59	—	3500
湖南	678	128	321	556	2386	0.55	—	6860
吉林	334	118	163	310	3748	0.53	—	2717
江苏	1237	152	437	609	3263	0.69	—	8029
江西	572	170	252	362	3118	0.55	0.38	4622
辽宁	561	146	211	723	3693	0.67	—	4369
内蒙古	411	155	185	421	5557	0.62	—	2529
宁夏	94	53	46	69	4148	0.58	—	682
青海	107	27	54	96	6699	0.53	0.41	598
山东	1236	127	464	638	2732	0.61	—	10006
山西	461	95	188	288	2903	0.57	—	3702
陕西	603	148	238	300	3562	0.57	—	3835
上海	—	—	—	—	—	0.88	—	2418
四川	915	196	455	581	2723	0.51	0.34	8302
天津	314	10	80	75	4766	0.83	0.67	1557
西藏	107	52	40	73	6214	0.31	—	337
新疆	456	196	141	198	4045	0.49	—	2445

续表

省份	教育支出（亿元）	住房支出（亿元）	医疗支出（亿元）	就业支出（亿元）	户籍价值（元）	常住城市化	户籍城市化	人口（万人）
云南	603	199	272	413	3746	0.47	—	4801
浙江	860	73	312	378	3400	0.68	—	5657
重庆	214	42	100	139	3186	0.64	—	3075
全国	16957	3528	7151	10485	3334	0.59	0.42	—

注：户籍价值为笔者估算。

基于各省份地级市层面的户籍价值计算的省份户籍价值，再通过省份报告的常住人口城市化率与户籍人口城市化率与省份的总人口，我们计算得到省份层面所需的户籍改革总成本为10.4万亿元，相较于全国层面估算的户籍改革总成本12万亿元来说，地区层面估算的户籍改革总成本相对较低。从表4-6中可以看到，户籍制度的改革成本不同省份是不相同的，并且在不同的省份之间户籍制度改革总成本有着较为明显的差异。从表4-6中各省户籍改革总成本可以看到，在户籍改革成本较低的地区，如天津市的户籍改革总成本仅为214亿元，这在财政上的支出是完全没有问题的。但是户籍制度改革所需户籍成本最高的广东省，需要的户籍改革总成本超过了万亿元，直观上来看，这一巨大的地方户籍改革成本支出对于地方财政来说是难以承受的。而且我们可以看到，并不是地方人口较多且城市化水平较低，所需要的户籍改革总成本就越高，计算的户籍改革总成本还与计算出来各省份的户籍价值有较大的关系，这一点我们可以从河南的改革成本清晰地看到。即使河南人口过亿，接近广东地区的人口数，而且其省份无论是户籍人口城市化率还是常住人口城市化率都比较低，但是其省份的户籍制度改革总成本只需要5722亿元，差不多为与其人口相当的广东地区户籍改革总成本的一半。这就提醒我们，户籍改革成本的多寡，不仅与总人口息息相关，与地区的户籍价值同样有着非常重要的关联。

表4-6　　　　　　　　各省户籍改革总成本

地区	平均户籍价值（元）	常住人口城市化率（%）	户籍人口城市化率（%）	各省改革总成本（亿元）
广西	2193.3	49.0	31.0	3974
四川	2723.0	51.0	34.0	7777
江西	3117.9	55.0	38.0	4399
河北	2451.5	55.0	40.0	5275
福建	2967.9	65.0	48.0	2429
黑龙江	3353.8	59.0	50.0	2447
北京	7881.7	87.0	63.0	1151
天津	4766.5	83.0	67.0	214
云南	3745.7	47.0	42.0	4805
吉林	3747.8	53.0	42.0	2753
安徽	2640.0	54.0	42.0	4398
山东	2731.7	61.0	42.0	7306
山西	2902.6	57.0	42.0	2873
广东	3856.7	70.0	42.0	11405
江苏	3262.8	69.0	42.0	7017
河南	2232.8	50.0	42.0	5722
浙江	3399.6	68.0	42.0	5109
海南	4011.1	58.0	42.0	989
湖北	2387.4	59.0	42.0	3777
湖南	2386.4	55.0	42.0	4377
甘肃	3421.1	46.0	42.0	2401
贵州	2704.0	46.0	42.0	2585

续表

地区	平均户籍价值（元）	常住人口城市化率（%）	户籍人口城市化率（%）	各省改革总成本（亿元）
辽宁	3693.1	67.0	42.0	4347
重庆	3186.0	64.0	42.0	2611
陕西	3562.2	57.0	42.0	3652
全国	3333.7	58.5	42.0	103795

注：部分省份没有报告其城市户籍人口城市化率，因而计算这些省份时采用全国平均户籍人口城市化率水平，部分户籍价值异常的省份在计算中删除。

资料来源：各省份的人口数来自《中国统计年鉴2017》。

通过分省计算的户籍改革总成本我们可以看到。户籍改革总成本并不会成为户籍制度改革过程中最大的阻碍，户籍改革成本的地区差异，可能是阻碍户籍制度改革的最大障碍。从上述计算的户籍改革成本来看，我们基于全国层面的户籍改革总成本只需要12万亿元，当考虑地区的差异时，通过计算地区的户籍价值进而计算各地区的户籍改革成本并进行加总的话，全国的户籍改革总成本只有10万亿元左右，因而我们认为户籍改革总成本并不构成户籍制度改革滞后的主要原因。但从计算的地区户籍改革总成本可以看到，不同的地区之间户籍制度改革总成本有着较为明显的差异，这一地区户籍改革总成本的不同，不仅体现在不同总人口与不同的城市化率水平之间，在人口规模接近、城市化率水平也接近的省份，户籍制度改革总成本也会有较为明显的不同。

进一步的，在分省计算总成本的基础之上，计算了城市人口规模在500万以上城市的户籍改革成本占总成本的比重，如表4-7所示。户籍改革的成本有非常明显的集中趋势，城市人口在500万以上的按户籍改革成本由大到小排序的前20个城市，户籍改革成本占总成本的比重高达83.4%。当我们只看前10个城市的话，那么这一比重也超过了70%。通过500万以上大城市户籍改革成本占总成本的比重再结合户籍改革所需的总成本可以看到，户籍改革的困难不在于总成本的多寡，而在于地区的差异，更进一步说，是因为少数大城市户籍改革成本过高，导致户籍制度改革进展缓慢。

表4-7　500万以上人口城市户籍改革成本占总成本比重

	城市	户籍价值（元）	改革成本（亿元）	累计成本（亿元）	累计成本占总成本比重（%）
1	深圳市	16535.00	1221.28	1221.28	22.9
2	北京市	7881.73	691.15	1912.42	35.9
3	东莞市	8634.20	555.01	2467.43	46.3
4	广州市	6645.32	305.95	2773.38	52.1
5	苏州市	6085.50	245.92	3019.30	56.7
6	天津市	4766.48	223.12	3242.42	60.9
7	佛山市	4536.95	157.89	3400.30	63.8
8	厦门市	7427.85	130.88	3531.18	66.3
9	宁波市	5666.26	105.51	3636.69	68.3
10	中山市	6226.48	101.68	3738.36	70.2
11	武汉市	4659.12	93.18	3831.55	71.9
12	无锡市	4948.54	87.19	3918.74	73.6
13	重庆市	3186.04	82.30	4001.04	75.1
14	杭州市	4626.66	82.26	4083.30	76.6
15	南京市	4280.21	75.20	4158.50	78.1
16	成都市	2963.05	71.65	4230.15	79.4
17	郑州市	3687.41	62.17	4292.32	80.6

续表

	城市	户籍价值（元）	改革成本（亿元）	累计成本（亿元）	累计成本占总成本比重（%）
18	大连市	5398.55	55.55	4347.87	81.6
19	沈阳市	4892.72	48.24	4396.11	82.5
20	青岛市	3916.50	48.06	4444.17	83.4

注：为了简洁清楚，本书只选取了城市人口超过500万的、按户籍改革成本排序的前20个城市。该表计算的户籍改革成本是直接通过城市的常住人口与城市的户籍人口之差乘以城市的户籍价值得到的，总成本的计算也是按这一方法计算，并没有考虑户籍改革是一个连续的过程，也没有考虑到户籍价值的变化，还没有考虑户籍改革的增量人口，仅考虑了户籍改革的存量人口。

那么我们自然会考虑，既然总成本在财政上是可承担的，而不同的地区之间又有着较大的户籍改革成本的差异，那么是不是因为地方财政支付压力的原因，才导致户籍制度改革的滞后呢？因为即使在全国层面上，户籍改革所需要的总成本也只需要12万亿元左右，而在省一级的层面考虑户籍改革成本可以发现，实际所需的户籍改革成本只会更少，省级层面估算的户籍改革成本只需要约10万亿元。通过对图4-4的分析我们可以得到可能的原因。从图4-4中可以看到，自2011年以来，财政的中央收入与地方收入维持在45%和55%左右，但是在财政支出上，中央和地方的比例分别在15%和85%左右。可以看到，财政收入与支出，地方政府与中央政府之间存在着一定的矛盾，中央政府在财政收入上占大部分，但总体上中央政府在财政支出上并没有起到其相对于收入来说应尽的义务，表现在其在收入上占据了55%左右的比重，但是其在支出上的比重只有15%左右。更大的收入份额理应尽到其应尽的义务，尤其是在一些需要在全国统筹推进的公共事务上，中央政府应当承担更大的财政责任，避免出现因为收支不等的出现，从而导致有利的事情难以得到有效执行。

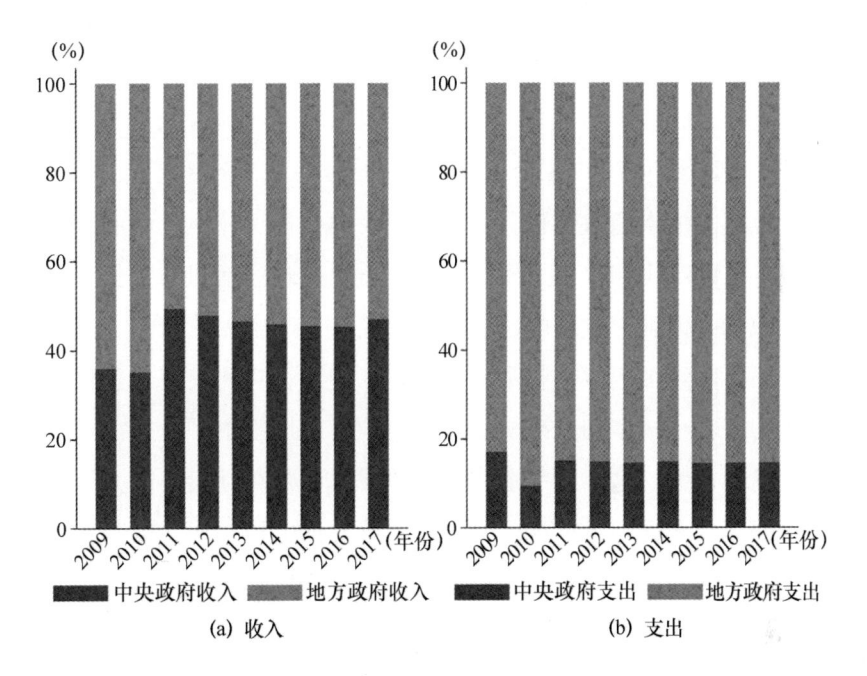

图 4-4 财政收支的中央与地方份额

五　总结

基于地级市数据，本章分别估算了全国层面和地区层面的户籍改革成本。研究发现，在静态情境下，存量户籍改革成本平均每年为4000亿元，增量户籍改革成本平均每年不超过3000亿元，而总成本平均每年不超过7000亿元，每年户籍改革成本平均约占财政户籍相关支出的10%；在动态情景下，存量户籍改革总成本约为7万亿元，而增量户籍改革总成本约为5万亿元，户籍改革总成本约为12万亿元，平均每年约占财政户籍相关支出的7.3%。无论是在静态的情境下还是在动态的情境下，平均的户籍改革总成本都不超过当年财政户籍相关支出的11%，这说明户籍制度改革的难题并不在于户籍改革总成本在财政上难以承担。

基于地区层面计算户籍改革总成本，可以看到，按省/直辖市计算的户籍改革全国总成本约为10万亿元。但是户籍改革成本在地区之间存在较大的差异，在户籍改革成本低的地区如天津，户籍改革总成本约为200亿元，但是在户籍改革成本高的地区如广东，户籍改革总成本超过万亿元。进一步我们分析了分地区政府和中央政府的财政支出和收入，发现财政支出地方政府承担的责任要远超中央政府，但地方政府的财政收入要相对低于中央政府。支出与收入的不对等再加上户籍改革成本的地区差异，共同决定了户籍改革的阻力来自于成本的分摊机制。户籍价值的地区不平衡突出、城市之间差异很大，这导致了地方推动户籍改革存在巨大的阻力。因而改革必须要全国整体推进、由中央政府发挥主导作用，以基本公共服务和福利均等化为思路的户籍改革方案在财政上具有可行性，而改革的关键在于全国总体的改革设计和良好的成本分摊机制。

户籍改革成本的地区差异决定了依靠地方主导推动改革的路径难以实现。因为户籍价值越高、改革难度越大的地区越没有动力进行户籍制度改革，而同时户籍价值低易于改革的地区苦于财政能力不足，也难以推动实质性的户籍制度改革。除了户籍制度本身，地方在推动户籍制度改革中还受到现行制度的约束，财政分权制度、地方竞争模式甚至官员晋升机制等对于地方介入经济、促进增长具有较强激励，而户籍改革的本质不是增长而是分配，是对地区经济增长成果的再分配。现行制度下"增长"与"分配"的矛盾突出，依靠地方为主推动户籍改革必然举步维艰。因此，全国层面的制度设计和地方同步推进是户籍改革成败的关键，中央政府承担更大责任则是基本方向。

从全国财政投入上，以基本公共服务和福利均等化为核心的户籍改革具有可行性。户籍改革必然要付出成本，但"钱"并非根本制约。未来10多年更高质量城市化所要求的户籍改革成本总体上不会造成太大的财政负担,关键是成本分摊机制,即"钱"由谁出、各出多少。在现有财政分权制度没有根本性调整下,户籍改革成本需要由中央财政负担更大比例,这需要从执行操作层面进行更深入的研究。基本的分摊机制思路可以考虑为:最基本的公共服务可完全由中央政府负责,如教育尤其是义务教育和中等教育,就业、医疗卫生、养老保障等随着统筹层次逐步提高,中央财政也应该承担更高比例,在一些准公共服务和投资性福利项目方面如住房保障、社区服务等,地方政府可根据自身情况逐步平稳推进。

从改革推进策略上,应该遵循"全国同步推进、兼顾地区差异"。基本公共服务和福利均等化的改革思路和方案必须在所有城市(超大城市也不例外)有效落实,同步推进有利于保障户籍改革成本在地区和城市间的合理分摊,若落户标准差异太大,容易引发人口无序流动,造成地区之间户籍改革负担的不平衡,阻碍户籍改革平稳推进。考虑到人口规模、公共资源和财政负担等约束,地区差异化政策是必要的,但是,必须要打破现有的行政区域分割,以城市的实际改革负担能力为基本依据,而不能简单地以大中小城市规模或东中西区域划分,流动人口较少的地区和城市同样也可能存在改革负担,东部地区同样也存在经济和财政能力有限的城市。

全国和各地有必要拿出一个明确的改革路线图和时间表,尽快推进户籍改革实质性的进展。在政策推进方面,应该尽快在全国范围内实施居住证制度,发挥人口流动信息服务的基本职能,为准确地将公共服务与福利覆盖流动人口提供依据。当居住证基本可以替代户籍,也意味着户籍改革和完全的城市化目标基本实现。户籍改革需要与其他关键领域改革协调推进,尤其是农村土地制度改革,前者可视为"拉力",后者可视为"推力",共同推动更高质量的新型城市化。

改革有成本、有阻力,同时也有红利,而且是中国最大的红利。但红利到底有多大?往往在红利即将消失之时才会被准确评估,这导致我们通常对改革阻力估计过高、对红利估计过低。完全城市化是中国发展的最大潜力,改革是最大红利,户籍改革则是关键突破口。蔡昉(2012)认为,当前中国经济放缓的背景下,户籍制度改革对促进经济增长也有立竿见影的效果,起到"一石三鸟"的作用:首先,农民变成市民,成为稳定的劳动力,改变中国劳动力减少的现状;其次,让政府在制度上激励农村人口进入城市,提高人口转移的力度;再次,农民工变成市民后,可以改善消费需求,户籍制度改革是一项收益远大于成本的改革。因此,大胆改革有助于新一轮的经济增长,站在更高视角全面评估改革成本,目前似乎难以承受之重的户籍改革其实是完全可以从整体层面推进的。

附录　已有户籍制度改革成本的研究

作者	数据	户籍价值估算范围及方法	主要结果及结论
张国胜(2009)	分省的加总数据、已有研究结果的结论推算数据	农民工相对集中的43个城市,主要估算农民工市民化的社会成本,一是私人生活成本、智力成本、住房成本与社会保障成本;二是公共发展成本,即基础设施、生态环境与公共管理等投资成本	43个城市中,2009—2013年每年农民工市民化的总体社会成本为3900亿元,2014—2023年每年农民工市民化的总体社会成本为6080亿元

续表

作者	数据	户籍价值估算范围及方法	主要结果及结论
陈广桂（2004）	《中国城市统计年鉴》《中国城市发展报告》和中国统计数据	农民市民化成本：一是私人成本，包括生活成本、智力成本、自我保障成本、住房成本；二是公共成本，基础设施成本、生态环境成本、公共管理成本等	不同类型城市农民市民化家庭总成本：超大城市（34868元）＞大城市（18882元）＞中等城市（10881元）＞小县城（8031元）
中国科学院可持续发展战略研究院（2005）	城市层面的加总数据	农民工市民化的成本包括公共服务（产品）享受、基本权利保护、社会经济适应、城市生活融入等	新增一个城市人口最低投入是2.5万元
国务院发展研究中心课题组（2011）	重庆、武汉、合肥、郑州、东莞、嘉兴6个城市的调研数据	农民工市民化的公共成本测算包括义务教育、居民合作医疗保险、基本养老保险、民政部门的其他社会保障、城市管理费用、住房等	按照2010年不变价格计算，农民工市民化的人均公共成本支出在8万元左右。农民工的市民化成本并非财政不可承受，关键在于政府的行动能力
牛文元（2009）	50个城市层面的加总数据	50个城市，市民化成本包括个人生存成本和个人发展成本	一个农民工转变为市民平均需要支付的社会成本为9.8万元，按2006年不变价格计算，城市化所要的总成本为43万亿元
吴开亚、张力（2010）、吴开亚等（2010）	46个城市现行落户相关政策和规定的数据指标	从《2009年中国城市竞争力蓝皮书》中综合竞争力前100名，选取46个城市；落户门槛指数由投资、就业、家庭团聚、特殊贡献及其他五大类一级指标、34个二级指标构成	各地落户条件"质"的共性和"度"的差别表明，户籍制度涉及宏观经济的调控和现代社会的管理，既是地方政府进行公共资源分配的"计划性"工具，也是地方政府竞争发展资源供给的"理性"手段

续表

作者	数据	户籍价值估算范围及方法	主要结果及结论
中国发展研究基金会(2010)	课题组在部分城市的调研数据	农民工市民化的成本包括教育、医疗、住房、社会保障和基础设施等	农民工市民化的人均成本约为10万元，按照2010年的不变价格计算，未来每年为解决2000万农民工市民化需要投入2万亿元
李江涛、张锦华(2011)	广州市调查数据	农民工市民化的最低成本简便计算公式：最低成本＝(本市居民预期人均寿命－农民工市民化时的年龄)×全市城市居民人均年消费支出金额	一个25岁的外地农民工成为广州市民必须支付的最低成本为119.7万元
刘洪银(2013)	各省地市数据	农民工市民化的成本包括地市一般预算支出中的教育支出、社会保障与就业支出、医疗卫生支出、一般公共服务支出和住房保障支出5项	计算得出全国平均成本为1.254万元
丁萌萌、徐滇庆(2014)	全国层面数据计算	户籍改革的成本范围为农民工随迁子女教育成本、居民合作医疗保障成本、基本养老保险成本、民政部门的其他社会保障支出、城市管理费用和保障性住房支出	计算得出每位农民工市民化所需的当期成本为4024.77元，因而即使当期全体农民工市民化，也只需支付的政府财政成本为6408.97亿元

续表

作者	数据	户籍价值估算范围及方法	主要结果及结论
张广裕（2015）	甘肃省数据	认为农业转移人口享有城镇基本公共服务的主要内容包括保障随迁子女平等享有受教育权利；完善公共就业创业服务体系；扩大社会保障覆盖面；改善基本医疗卫生条件；拓宽住房保障渠道5个方面。还包括两项公共成本即城市基础设施建设和城市管理与服务。个人成本包括日常生活成本与住房成本	通过计算甘肃省农业转移人口市民化得到人均平均转移成本为92396元
谢建社、张华初（2015）	广东省G市	成本范围包括义务教育、就业扶持、社会保障、公共卫生、住房保障5大基本公共服务方面的支出	计算得到广东省G市农民工市民化的公共成本为3265元/人年。通过G市农民工预期寿命为80岁，计算G市农民工市民化的人均总成本为156720元
周春山、杨高（2015）	广东省农业转移人口	成本计算范围包括城市基础设施成本、城市生活成本、住房成本、社会保障成本、教育成本和机会成本（指的是市民化后放弃的农村土地承包产生的收益）	结论是广东省农业转移人口市民化的人均总成本为93523元，并认为各地区的市民化成本与当地的经济发展水平呈正相关

续表

作者	数据	户籍价值估算范围及方法	主要结果及结论
吴华安（2016）	已有研究成果估算	认为农民城市化成本主要包括购房成本、生活成本、智力成本及自我保障成本，其中个人发展成本是农村劳动者转化为城市居民所需付出的基础成本、生存成本、生活成本、智力成本、社保成本和住房成本，而公共发展成本则是为保障城市健康协调发展所需的城市内、城市间的基础设施、社会协调、公共环境、生态建设等基本功能要素的投资成本	初步估计新增一个城市人口的最低投入也就是城市的户籍价值在0.2万—5万元不等，而统筹改革户籍中的农民所负担的私人成本大致在0.2万—10万元不等
陈忠谊、李萍（2017）	全国层面数据计算	农业转移人口市民化成本范围包括农业转移人口随迁子女义务教育、住房保障、最低生活保障、城镇基础设施建设等	计算得出户籍制度的公共成本为80309.96元

第五章 户籍制度改革的经济收益及其效应

一 引言

中华人民共和国成立初期形成并发展起来的户籍制度，为中国的人口管理带来了极大的便利，也对中国的人口流动及人口管理产生了深远的影响。从宏观的视角看户籍制度对中国的影响可以发现，户籍制度将中国的人口划分成了农村人口和城镇人口两个部分。二分的人口性质，方便了宏观的人口统计与管理，但也为不同的人口贴上了城镇户口与农村户口这一户籍不同的标签。理论上来说，以方便人口管理而赋予不同个体的标签，并不会对劳动者的工作与生活产生显著的影响。但因为中国的户籍制度不仅执行着人口管理的功能，同时还执行着人口识别与福利分配等功能，这几项职能就会让户籍制度给不同的劳动者群体带来不平等的现象。尤其会因为劳动者不同性质的户籍标签，通过不均等提供城市基本公共服务这一机制，对劳动者个体的自由流动行为产生显著影响。从劳动者个体的视角来审视户籍制度的影响可以看到，个人的户籍性质强加给劳动者的标签，使劳动者享有不同的人口流动与劳动力市场的权利。

实际的不平等与机会的不均等，使得不同性质的劳动者个体能够享有的劳动力市场权利是不均等的，这就限制了劳动力市场进行最优配置劳动力的功能，不免会带来劳动力资源的误配，进而引起生产效率的损失。

1978年，中国进入改革开放新时期，这一举措为中国带来了一个较长时期的经济增长，使中国从一个低收入国家迈入中上等收入国家行列。不仅创造了"中国奇迹"，同时也造就了一个"世界奇迹"。但经济的快速发展并不是凭空出现的，其背后在于资本与劳动的大量投入。改革开放时期外来资本的大量流入，使得东部沿海地区对劳动力的需求大大增加，加速了这一时期中国农村剩余劳动力向城市的大量涌入。也使得中国出现了流动人口群体，且其规模在不断增加。伴随着中国人口红利的消失，农村剩余劳动力无限供给的状况逐渐消失，中国也迎来了"刘易斯转折点"。这说明中国继续依靠资本与低成本劳动力的投入带来经济增长已难以持续，因为不利的人口结构与农村剩余劳动力的减少，廉价劳动力无限供给的状况已不复存在。而依靠要素大量投入带来的经济增长，只是低水平的经济增长，其结果会导致部分行业急剧膨胀，而不能带来行业的均衡发展，甚至对于这一部分快速增长的行业来说，增长的路径只是规模不断地变大，而并不是生产效率的提高。追求更高质量的经济发展要求我们必须摆脱传统的简单依靠要素投入带来的经济增长的路径，更为核心的是要追求生产效率的提高，这就不会出现经济增长的结果只是低水平的重复建设，而是在原有产业基础上实现产业升级。

效率的提高在长期经济增长中占据有相当重要的地位。经济增长的核心在于生产规模的扩大，生产规模的扩大能够带来产出的增长，这也就带来了经济增长。然而经济增长具有多种方式，既能够通过简单要素的投入推动生产规模的扩大，同时也能够利用其他的方式，比如通过更加合理配置各种生产要素进而推动生产效率提高的这一经济增长模式。选取何种经济增长的路径决定了地区的经济发展方式。当地区选取的是资源大量投入的经济增长路径时，也就说明该地区选择了低水平、不可重复的经济发展模式。但因为生产要素是有限的，因而依靠要素大量投入带来的经济增长是不可持续的。当地区的资源投入超过该地区资源的禀赋时，这也就说明这样一种低水平的经济增长方式走到了尽头，也难以继续依靠增加要素投入进而推动地区经济的快速发展，该地区将不得不面临转换经济增长方式或经济增长速度下滑。而当地区遇到资源瓶颈但仍然不改变低水平的经济增长方式时，地区必将面临经济增长速度的下降甚至是地区产出绝对数量的下滑。

而更加合理地使用各种生产要素，通过发挥各种生产要素的生产效率带来的经济增长方式是一种长期且可持续的经济增长路径。充分发挥各种生产要素在生产中的效率这种经济增长方式，并不完全依赖要素大量的投入，而是通过优化各生产要素的配置实现，所以这一种生产方式对于要素投入的需求是有限的。故而当地区选择这样的一种经济增长方式时，并不会像选择要素投入带来的经济增长方式一样遇到要素投入的瓶颈问题，所以能够为地区带来持续、稳定的经济增长。对依靠资源投入带来的经济增长路径来说，当遇到了要素投入的瓶颈问题时，如果将经济增长方式转向更加合理地利用各种生产要素这样的一种经济增长路径时，同样会使地区的经济增长摆脱资源约束的瓶颈，从而避免出现经济增长速度快速的下滑。

对于已经跨过"刘易斯转折点"的中国来说，正是遇到了依靠要素大量投入带来经济快速增长的资源约束点。早期依靠劳动力与资本大量投入带来的经济增长已不可维系，劳动力成本的上升不仅改变了资本与劳动力的相对价格，也提高了资本与劳动力要素成本的绝对值。成本的快速上升挑战了早期依靠要素大量投入的经济增长模式，推动厂商和地区寻找新的、更加具有效率的经济增长方式。

在中国到达"刘易斯转折点"之前，低廉的劳动力成本决定了不论以何种方式配置劳动力资本都能够带来正向的经济收益。在劳动力要素成本较低的这一情况下，即使劳动力要素的最优配置受到某些因素的干扰而难以实现，但只要经济体能够从使用劳动力资源中获得收益或者说对影响劳动力要素最优配置的影响因素的改革成本大于改革后劳动力要素带来的额外收益，那么地区对于这劳动力最优配置的抑制因素就会视而不见，不会对这一负向的影响因素进行改革以实现劳动力要素的最优配置。

在越过"刘易斯转折点"之后的中国，不仅面临着劳动力成本的不断上升，同时还面临着不利于经济发展的人口结构。在劳动力成本上升以后，大量的廉价劳动力已不复存在。在这一情景下，继续依靠要素的大量投入带来的经济增长难以继续发挥其应有的经济增长促进作用，劳动力成本的上升抵消了劳动力投入带来的促进增长的作用。同时，伴随着医疗和其他的一些保障水平的不断上升，中国人口的预期寿命也在不断增加。在这样的一种情况下，中国老年人口的绝对数量及其在总人口中的比重不断增加。老年人口绝对数量的不断攀升再加上中国较低的人口出生率，共同决定了中国老年人口抚养比呈现不断上升的趋势，而劳动年龄人口占总人口的比重在不断下降。这些因素导致了中国在未来的一段时间将面临严峻的劳动状况。

《中华人民共和国 2018 年国民经济和社会发展统计公报》显示，中国人均国内生产总值在 2018 年达到了 64644 元，按照 1 美元兑换 6.6 元人民币计算，2018 年中国的人均国内生产总值达到了 9794.5 美元，接近高收入国家 13000 美元的国内生产总值门槛①。按照年均经济增长率6%计算，中国将会在2022年左右的时间迈入高收入国家行列。但这看似轻松的任务，在实现的过程中仍旧充满了挑战。从宏观视角看，在已有人类社会的经济发展过程中，从经济落后地区成功迈入高收入国家行列的例子并不多见。更何况是成立不足百年，仅有40多年快速经济发展，从一个落后的农业国发展而来的中国。从微观视角看，我国正处于转变经济发展方式的过程中，因而难以再达到改革开放初的经济增长速度。所以在跨越中等收入陷阱的过程中仍充满了挑战。

已有研究显示（Imbs and Wacziarg，2003），当经济体从一个较低收入水平迈向中等收入水平时，经济体内部的各类经济结构的专业化程度将会不断上升，也就是经济体内的劳动分工在不断细化。随着经济的进一步发展，仅仅通过再分工将难以维系经济的持续增长，必须通过丰富地区经济内部的产业结构，才能够推动经济继续保持一定水平的增长。因此，当一个经济体处于较低发展水平的时候，通过生产要素的大量投入的确能够带来经济的快速增长，但是这一增长是有限制的，当经济发展到一定水平时，继续通过要素的积累将难以对经济发展起到作用，必须通过提升经济的生产效率，才能维系经济保持一定速度的增长。

中国现阶段的劳动力市场并不能实现劳动力资源的最优配置，通过改革影响劳动力市场的不利因素，能够提升劳动力市场的效率，带来经济生产要素的提升。具有最高效率的劳动力市场允许劳动力自由地在城—乡之间、城—城之间流动，并且不会对劳动力的自由流动或者工作搜寻产生任何不利的影响。但是中国固有的户籍制度对于劳动力流动仍然会起着一个较大抑制作用，不仅会影响不

---

① 产出数据来源于《中华人民共和国2018年国民经济和社会发展统计公报》，人民币与美元兑换数据来源于中国人民银行。

同劳动力获得工作的机会，本地劳动者相较于流动劳动力群体的就业概率更大，同时还会影响劳动力的自由流动。这些方面的因素均抑制了农村劳动力向城市的流动，不利于劳动力资源的最优配置。改革现有的户籍制度，允许劳动力资源在不同的地区间实现完全的自由流动、让劳动力享有均等的获得工作的机会，将会显著提高劳动力市场对劳动力资源的配置作用，提高地区的生产效率。

二 户籍制度改革带来的消费增长

户籍制度改革对于劳动力市场效率的提高的影响是显著的，但这只是户籍制度能够对地区经济带来的长期影响。在分析户籍制度改革所能为地区经济带来的收益时，不应当只将关注点着眼于户籍制度所能带来的长期影响，也就是户籍制度改革通过提升劳动力市场对劳动力资源的配置效率，进而能够提高地区的经济生产效率，还应当考察户籍制度改革为地区经济带来短期的提升作用。

在用简单的收入支出框架来分析户籍制度改革所能带来的收益可以看到，当经济体处于一个封闭的环境时，地区的总产出等于地区的上述三个部门的消费支出（总产出＝消费＋投资＋净出口）。这一简单的收入—支出恒等式呈现出这样的结果，即影响地区总产出的因素有地区的总消费、地区的总投资和地区总的净出口。因而，只要上述三个影响总产出的任意一个因素发生变化时，都将会对地区的总产出有着一定程度的影响。

户籍制度改革能够影响流动人口群体（农民工）的消费习惯，因而会对地区的产出有着一定的影响。已有研究指出（蔡昉，2011），流动人口群体虽然在城市工作，收入水平也更加接近城市居民。但是其群体因为没有得到城市的户籍加上城乡消费模式固有的区别，进而会导致这一部分群体对于城市没有归属感，仍然按照流动之前在农村的生活习惯进行消费和储蓄,没有充分释放其因为劳动力流动带来收入水平提高从而增加的消费潜力,难以充分发挥城市化带来的扩大消费的功能。一项针对农民工群体和城市居民群体与本地居民消费水平的研究发现,在控制了其他可能的影响因素的情况下,拥有城市户籍的群体也就是本地居民比未拥有本地户籍的群体也就是农民工群体家庭的整体消费高约27%(王美艳,2016)。由于农民工群体及其家庭与本地居民及其家庭巨大的消费差异,这也就说明在城市就业的农民工群体还有着一个非常大的消费潜力。户籍制度改革带来的农民工市民化能够有力激发这一部分在城市居住的流动人口群体潜在的消费能力,对于促进地区消费有着非常积极的作用。

本章借鉴王美艳(2016)的研究结论,尝试估算农民工市民化可能带来消费水平的增加。《中华人民共和国2018年国民经济和社会发展统计公报》显示,2018年,中国的流动人口总量为2.41亿。在已知流动人口总量的情况下,只需要知道流动人口的实际消费水平就能够估计出农民工市民化所能带来消费水平的增加。国家卫生计生委进行的流动人口调查为本章提供了有关流动人口家庭的消费数据。因为数据的可获得性,本章只有2017年的流动人口调查数据,没有更新的2018年流动人口数据。其中2017年流动人口调查数据显示,2017年流动人口的人均月消费为1309.9元。根据《中华人民共和国2018年国民经济和社会发展统计公报》显示,2018年全国居民平均消费实际增长6.2%,因而可以粗略认为2018年流动人口的平均月消费为1391.1元。考虑农民工市民化带来的消费水平提高为27%,如果将2018年的流动人口完全市民化,那么社会从农民工市民化中得到的年总收益为10862.4亿元。

表 5-1　　　　　　　　农民工市民化的消费收益

2017 年消费（月/元）	2018 年消费（月/元）	消费增加（%）	流动人口（亿元）	总收益（亿元）
1309.9	1391.1	27	2.41	10862.4

资料来源：基础数据来自 2017 年流动人口调查和《中华人民共和国 2018 年国民经济和社会发展统计公报》，其余数据为笔者估算。

可以看到，上述估计虽然能够大致反映农民工市民化带来消费水平的提升，但是在估计的过程中并没有考虑不同地区消费的差异。直觉上来说，处于经济较为发达地区的流动人口群体消费要相对高于经济欠发达地区的流动人口数，在这些地区流动人口家庭与本地居民家庭的消费差异同样可能存在差异。同样的，不同地区可能拥有的流动人口数量也是不一致的，因而按不同的省份分别估算农民工市民化带来的消费收益是一个更好的办法。

要估计不同省份农民工市民化改革所可能带来的收益，必须知道不同省份流动人口的消费水平、改革后可能带来的消费增量和不同省份改革的总人数。为清楚知道每个省份农民工的消费水平，本章同样通过 2017 年流动人口调查数据，分省份计算不同地区流动人口的消费水平，依照《中华人民共和国 2017 国民经济和社会发展统计公报》得出的消费增量 6.2%，大致估计出 2018 年各省份流动人口的消费水平。改革带来的消费增量同样借鉴王美艳（2016）研究得出的结论，按照农民工市民化能够带来消费增量约为 27%。而不同省份需要改革的流动人口数量我们依据各省份《2017 年国民经济和社会发展统计公报》报告的户籍人口城市化与城市常住人口城市化之间的比例差距，然后用这一部分的差异与各省份报告的人口总量，计算出需要改革的流动人口总量。这样，本章就已经得到了估算各省份农民工市民化所能够带来的消费总收

第五章 户籍制度改革的经济收益及其效应 165

益,表 5-2 为估算得出的各省份农民工市民化所能够带来的消费增加。

表 5-2　　　　农民工市民化改革各省收益

省份	2017年消费（元）	2018年消费（元）	流动人口数（万人）	改革收益（亿元）
上海	24691.21	26222.06	1112.28	787.49
云南	14067.40	14939.58	240.05	96.83
内蒙古	13824.89	14682.04	505.80	200.51
北京	25010.52	26561.17	521.04	373.66
吉林	15194.90	16136.99	298.87	130.22
四川	14853.97	15774.92	1411.34	601.12
天津	14540.56	15442.08	249.12	103.87
宁夏	11013.06	11695.87	109.12	34.46
安徽	15956.41	16945.71	847.08	387.57
山东	15125.70	16063.50	1901.14	824.55
山西	11288.57	11988.46	555.30	179.74
广东	17998.11	19114.00	3127.32	1613.94
广西	14545.18	15446.98	879.30	366.73
新疆	13220.42	14040.09	171.15	64.88
江苏	15714.70	16689.01	2167.83	976.83
江西	14035.84	14906.06	785.74	316.23
河北	13548.09	14388.07	1128.00	438.20
河南	13807.89	14663.98	868.24	343.76
浙江	15240.44	16185.34	1470.82	642.75
海南	16886.56	17933.53	148.16	71.74
湖北	15076.31	16011.04	595.00	257.22
湖南	15772.25	16750.12	891.80	403.32
甘肃	13411.55	14243.06	105.04	40.39
福建	16611.88	17641.81	664.87	316.70

续表

省份	2017年消费（元）	2018年消费（元）	流动人口数（万人）	改革收益（亿元）
西藏	20092.66	21338.40	—	—
贵州	14364.57	15255.17	143.20	58.98
辽宁	15996.29	16988.06	1092.25	500.99
重庆	16089.65	17087.21	676.50	312.11
陕西	12952.60	13755.61	575.25	213.65
青海	12969.58	13773.69	71.76	26.69
黑龙江	14493.17	15391.74	341.01	141.72
全国	15432.09	16388.88	23617.31	10805.49

资料来源：2017年消费数据为根据流动人口调查数据计算，2018年消费数据为作者估算，各省详细的户籍人口城市化率与常住人口城市化率表参见第四章表4-6。

从表5-2中的农民工市民化各省改革收益表中可以看到，不同省份因为地区消费水平和地区需要改革的流动人口总数是不同的，因而不同省份之间的农民工市民化所能够带来的消费收益有着较大的差异。从整体来看，经济发达地区因为流动人口数量及其群体的消费水平较高，因而能够从农民工市民化改革中获得更大的消费收益，如东部沿海的广东省改革带来的消费收益约为1613.9亿元、江苏省改革带来的消费收益约为976.8亿元、浙江省的改革消费收益约为642.8亿元，所以这些地区改革带来的消费收益较大；而经济欠发达的中部地区省份因为流动人口消费水平较低同时需要改革的流动人口群体也比较少，如甘肃、贵州、山西等省份改革带来的消费收益不足百亿元，因而从这一部分地区改革中收获的消费收益较低。从一个更详细的视角考察需要改革的流动人口群体和各地区流动人口的消费水平可以看到，流动人口消费水平比较高的北京和上海，因为需要改革的农民工数量相对少于流动人口群体较高的广东和江苏等省份，因而即使广东和江苏流动人口的消费水平比较低，但是其省份所能获得农民工市民化带来的消费收益仍然要高于流动人口消费水平较高的北京和上海。

虽然分省份估计农民工市民化改革带来的消费收益更接近真实的改革收益，但是这一分析过程并没有考虑到农民工市民化改革的渐进性。农民工市民化改革是一个渐进的过程，在一个非常短的时间就将地区内所有的流动人口群体内化为城市居民是不可想象的。因而农民工市民化必须要经过持续一段时间的改革才能实现，所以估算农民工市民化所能带来的消费收益必须从动态的角度考虑。假定农民工市民化的截止时间为2025年，改革的基准人口数据为2017年，各地区每年改革相同的人数，流动人口的消费水平年均增长假定为6.2%，那么各省份的年均改革收益如表5-3所示。

表5-3　　　　各省动态改革带来的消费收益　　　　单位：亿元

省份	2019年	2020年	2021年	2022年	2023年	2024年	2025年
上海	104.54	111.02	117.90	125.21	132.98	141.22	149.98
云南	12.85	13.65	14.50	15.40	16.35	17.36	18.44
内蒙古	26.62	28.27	30.02	31.88	33.86	35.96	38.19
北京	49.60	52.68	55.95	59.41	63.10	67.01	71.16
吉林	17.29	18.36	19.50	20.71	21.99	23.35	24.80
四川	79.80	84.75	90.00	95.58	101.51	107.80	114.48
天津	13.79	14.64	15.55	16.52	17.54	18.63	19.78
宁夏	4.57	4.86	5.16	5.48	5.82	6.18	6.56
安徽	51.45	54.64	58.03	61.62	65.45	69.50	73.81
山东	109.46	116.25	123.45	131.11	139.24	147.87	157.04
山西	23.86	25.34	26.91	28.58	30.35	32.23	34.23
广东	214.25	227.53	241.64	256.62	272.53	289.43	307.38

续表

省份	2019年	2020年	2021年	2022年	2023年	2024年	2025年
广西	48.68	51.70	54.91	58.31	61.93	65.77	69.84
新疆	8.61	9.15	9.71	10.32	10.96	11.64	12.36
江苏	129.67	137.71	146.25	155.32	164.95	175.18	186.04
江西	41.98	44.58	47.35	50.28	53.40	56.71	60.23
河北	58.17	61.78	65.61	69.68	74.00	78.58	83.46
河南	45.63	48.46	51.47	54.66	58.05	61.65	65.47
浙江	85.33	90.62	96.23	102.20	108.54	115.27	122.41
海南	9.52	10.11	10.74	11.41	12.11	12.87	13.66
湖北	34.15	36.26	38.51	40.90	43.43	46.13	48.99
湖南	53.54	56.86	60.39	64.13	68.11	72.33	76.81
甘肃	5.36	5.69	6.05	6.42	6.82	7.24	7.69
福建	42.04	44.65	47.42	50.36	53.48	56.79	60.32
西藏	—	—	—	—	—	—	—
贵州	7.83	8.32	8.83	9.38	9.96	10.58	11.23
辽宁	66.51	70.63	75.01	79.66	84.60	89.84	95.41
重庆	41.43	44.00	46.73	49.63	52.70	55.97	59.44
陕西	28.36	30.12	31.99	33.97	36.08	38.31	40.69
青海	3.54	3.76	4.00	4.24	4.51	4.79	5.08
黑龙江	18.81	19.98	21.22	22.53	23.93	25.41	26.99
全国	1437.24	1526.37	1621.03	1721.52	1828.28	1941.6	2061.97

注：表中数据为农民工市民化改革各省每年相对于上年的收益，收益均以2018年价格计算，数据为笔者估算。

分析表5-3可以了解到，在动态考虑农民工市民化改革的情况下，每年因改革带来的消费收益虽然要远低于静态改革的情景，但是如果考虑农民工市民化所能带来的总消费收益，改革过程中历年累计的消费收益仍然是相当可观的。从表5-3中的第二列和第三列结果看到，2019年农民工市民化改革带来的总消费收益为1437.24亿元，而2020年农民工市民化改革带来的总消费收益也仅为1526.37亿元。但是表格中显示的只是相对于上一年的消费收益增量，如果考虑累加收益，那么实际的2020年的改革收益将会达到3052.74亿元，也就是2019年已经内化的农民工同样达到2020年改革的农民工群体消费水平，因而累加的消费收益增加将会是原来的2倍，后续年份的累加改革收益以此类推。

相较于本地居民群体，农民工群体的消费水平还是处于相对比较低的水平，因而在不考虑其他因素的情况下，只是改革农民工群体的户籍，使其从原来的农村户籍转化为工作城市的城市户籍，这样也能够带来相当程度的消费的增加。在静态考虑下，农民工市民化改革将会带来巨大的消费收益。而在动态考虑农民工市民化带来的消费收益时，每年的净收益也会达到数千亿元，而考虑累加的消费收益，这一收益更是会成倍增加。所以，不考虑农民工市民化带来的其他方面的影响，单单只考虑农民工市民化带来的消费收益的增加，对于经济的发展也会有着非常大的益处。

三　户籍制度改革的经济收益

户籍制度改革所能带来的不仅有直接的、显性的因消费增加带来的收益，还将通过影响劳动力市场进而带来的生产效率的增加，从而实现间接的经济效益，而间接的经济效益往往对地区有着更大的收益。Peri（2012）详细论述了移民增加对地区经济的影响，其通过分解传统的柯布—道格拉斯生产函数，将地区的生产增加值看作是资本、劳动、全要素生产率（生产技术）和技能密集指数共同作用的结果。通过分析地区移民人口比重对地区总产出的影响，进而解释移民人口的增加会如何影响地区的总产出。

估计户籍制度改革所能带来的间接经济收益的关键在于找到流动人口群体增加对生产的各组成要素的作用大小。都阳等（2014）

估计了流动人口对生产的各组成要素的影响,其通过对中国的各地级市劳动力市场中流动人口的就业比重对地区总就业、地区的劳均产出、资本产出比、全要素生产率(TFP)、就业者的平均劳动时间、地区的技术密集指数等生产要素影响的分析,得到了流动人口的地区就业比重对上述各种生产要素的影响系数。本章基于都阳等(2014)的研究结论,进一步估计户籍制度改革带来的经济收益。

估计户籍制度改革带来的收益,除了要知道了流动人口比重变化对生产各要素的系数大小之外,还需要明确户籍制度改革的总目标和年均目标。《国家新型城镇化规划2014—2020》提出了在2020年中国城市常住人口城市化率要达到60%左右,而城市户籍人口城市化率要达到45%左右。《中华人民共和国2018年国民经济和社会发展统计公报》显示,2018年年底总人口为139538万人,而中国城镇常住人口为83137万人,常住人口城市化率为59.58%,接近新型城市化规划的目标。国际经验表明,经济发展水平越高的国家,其国家的城市化率水平也就越高,中国现阶段60%的城市化率水平低于一般的国际经验。因而不妨假定中国2025年的城市化率目标为70%,每年改革相同数量的人口。在知道了改革目标与每年的改革任务之后,只需要分析户籍制度改革对每一项总产出的影响因素的影响,就能通过加总这部分影响从而估计出户籍制度改革带来的总收益。

(一)改革对就业的影响

分析户籍制度改革对总就业的影响,需要知道现有的农村劳动力人口现状以及具体的可转移的农村劳动力数量。《中华人民共和国2018年国民经济和社会发展统计公报》为我们展示了大致的农村人口状况及现阶段的转移情况。从表5-4中可以看到,2018年中国农村人口占全国人口比重约为40%,虽然没有报告出农村人

第五章　户籍制度改革的经济收益及其效应　171

口具体的年龄分布情况，但是从全国人口数量的分布可以了解到，整体上全国16—59岁的人口比重约为64%。那么在知道农村人口总量的情况下，可以大致认为农村16—59岁的人口占农村总人口的比重也为64%，并将这一粗略计算的结果看作农村16—59岁的人口数量。按照本章的估计结果，农村16—59岁的人口大约为36268万人，60岁以上人口大约为10084万人。《中华人民共和国2018年国民经济和社会发展统计公报》显示，中国2018年地农民工总量为28836万人，当我们考虑这一部分农民工群体中存在部分60岁以上人口或者考虑部分60岁以上人口也属于可转移劳动力群体，那么可以粗略认为农村可转移劳动力资源超过1亿人（实际的数量可能存在一定程度的高估）。

表5-4　　　　　　　　农村劳动力及转移状况

		总人口（万人）	比重（%）
全国总人口		139538	
	0—15岁	24860	18
	16—59岁	89729	64
	60岁及以上	24949	18
城镇		83137	60
乡村		56401	40
	0—15岁	10048	—
	16—59岁	36268	—
	60岁及以上	10084	—
农民工总量		28836	
	外出农民工	17266	—
	本地农民工	11570	—

资料来源：基础数据（全国总人口及年龄分布、城镇和农村总人口和农民工总量及外出类型）来自《中华人民共和国2018年国民经济和社会发展统计公报》，其余数据为笔者估算。

假若农村可转移劳动力的数量是充足的,但是城市是否对于这一部分劳动力存在需求呢?已有研究对于这一问题的回答是肯定的(Autor, et al., 2003;Manning, 2004)。技术进步促进了对不同劳动技能的需求,虽然对于不同劳动力技能群体的影响是不同的,一个普遍认同的观点是技术进步主要促进了对于高技能劳动力的需求。但是 Manning(2004)认为,技术进步同样会提高对低技能劳动力的需求。其承认技术进步对于高技能劳动力群体的促进作用,但正是这一原因也同样能够促进对低技能劳动力群体的需求。因为低技能劳动力群体与高技能劳动力群体之间不仅存在替代关系,更加普遍的是不同的劳动力群体之间存在的是某种互补的关系。不同劳动力群体之间有着较大的差异,因而低技能劳动力者转变为高技能劳动力这是困难的,所以不同劳动力群体之间有着互补关系,这也就导致对高技能劳动力的需求增加同样能够增加对低技能劳动力的需求。因而,城市将会对农村可转移劳动力有着相当的需求。而已有研究结果显示流动劳动力占城市劳动力市场比重的变化对城市总就业的弹性高达 0.994(都阳等,2014)。

(二)改革对 TFP 和资本产出比的影响

劳动力市场规模的扩大往往会促进分工。根据都阳等(2014)的研究发现,城市的总就业规模对于城市劳动力流动人口的弹性值达 0.99,也就是说城市每增加 100 位外来流动劳动力,城市劳动力市场的总就业人口会增加 99 人。如此,当农村劳动力向城市转移时,会显著扩大城市劳动力市场的规模,劳动力市场规模的扩大会带来分工的细化,带来生产的专业化程度的提高,而这一生产专业化程度的提高对于生产效率有着较大程度的提高,这一结论也得到了已有研究的证实(Peri, 2012)。

从图 5-1 中的城市全要素生产率与城市总就业中流动人口就

业比重占城市总就业比重可以看到，流动人口就业比重更高的城市相较于流动人口就业比重低的城市往往有着更高的城市全要素生产率，这一现象无论是在2005年还是2010年都是成立的。这也就表明流动劳动力占城市就业比重的变化的确会与城市的生产效率有着正向的关系，因而城市接受更多的外来流动人口也不失为一种提升生产效率的方法，而流动劳动力占城市总就业的比重的变化对城市全要素生产率的弹性值大约为0.906。

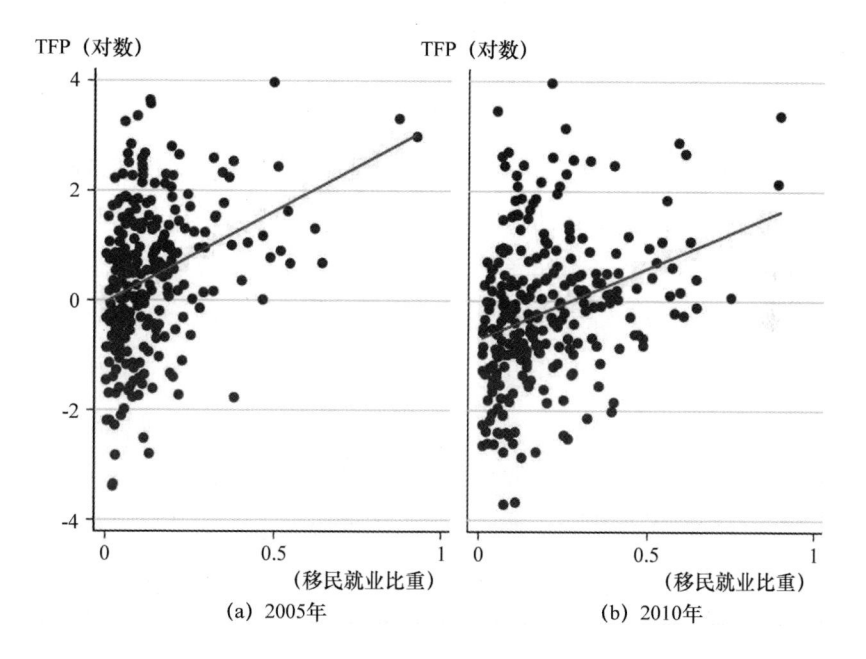

图 5-1 全要素生产率及流动人口就业占比

（三）改革对劳动时间的影响

不同劳动力群体之间往往有着不相同的劳动时间。本地劳动力往往具有较高的人力资本，因而更多地从事高技能劳动，同时因为高技能劳动的就业岗位劳动时间往往较低，所以本地劳动力的平均劳动时间相较于流动劳动力群体的平均劳动力时间往往更低。这一较低的劳动力时间也能从图 5-2 中的本地劳动力群体劳动时间分布和流动劳动力群体劳动时间分布看出。从图 5-2 中能够看到，无论是 2005 年还是 2010 年，本地劳动力群体的劳动时间的分布都要低于流动劳动力群体的劳动时间分布，而且 2005—2010 年，不同劳动力群体的劳动时间分布的方差都有一定程度的下降，说明不同城市的劳动力市场中的劳动时间有着趋同的趋势。

流动劳动力群体的劳动时间要相对高于本地劳动力的劳动时间。在这一情况下，在假定其他条件不变的情况下，那么更多的流动劳动力进入城市的劳动力市场中，将会对与城市的平均劳动时间有着正向的促进作用。这一结果是显然的，当边际劳动投入的劳动时间大于已有的平均劳动时间时，会提高整体的平均值。但是这是在理想情况下才会出现的情景，因为其并没有考虑劳动力市场的动态作用。据都阳等（2014）的研究发现，外来劳动力群体的增加，会减少本地劳动力的劳动时间，同时还会减少流动劳动力群体自身的劳动时间。因而总体看，外来劳动力的增加不仅不会提高城市的平均劳动时间，还可能会减少城市总的劳动时间。已有研究指出外来劳动力占城市总就业比重的上升，会减少城市总的劳动时间，其弹性值大约为 -0.043，即城市中流动劳动力占总体劳动力的比重每上升 1%，城市总体劳动时间会下降约 0.04%。

（四）户籍制度改革的总收益

城市流动劳动力就业比重占城市总就业比重的变化，对于城市的总就业、资本产出比、全要素生产率和城市的劳动时间均有着不同方面的影响。在明确了城市流动人口就业比重对于影响城市总产出的这些影响因素的影响之后，就能估计城市进行户籍制度改革所能够带来城市流动人口占比的变化，并进一步估计出由户籍制度改

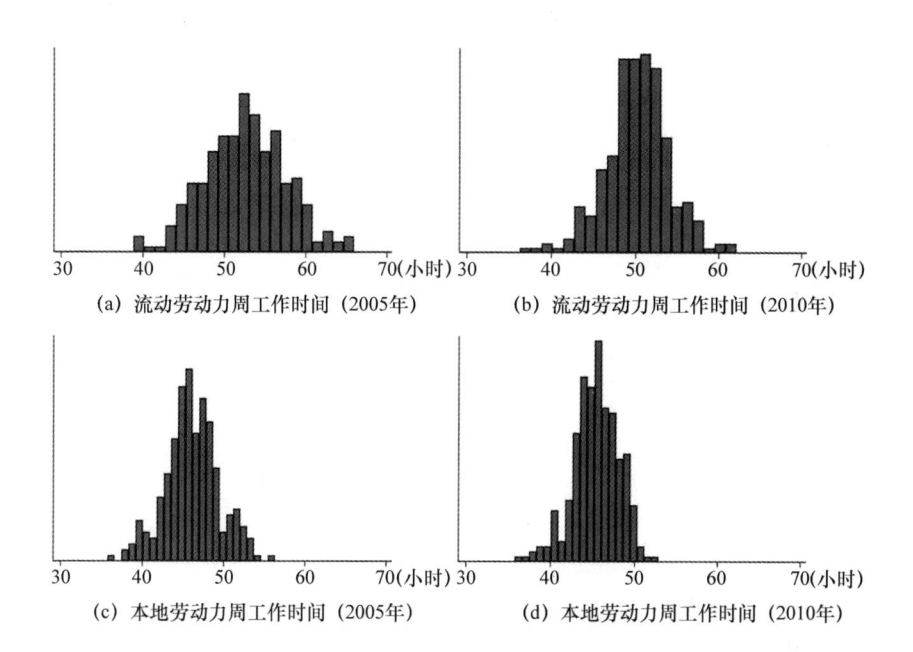

(a) 流动劳动力周工作时间（2005年）
(b) 流动劳动力周工作时间（2010年）
(c) 本地劳动力周工作时间（2005年）
(d) 本地劳动力周工作时间（2010年）

图 5-2　不同劳动力群体工作时间分布

革带来城市流动人口劳动力占城市就业比重变化及其带来的经济效应。

不妨假定户籍改革最终的目标是在 2025 年实现城市常住人口城市化率达到 70% 的水平，而中国 2018 年的城市常住人口城市化率为 59.58%，中间有约 10 个百分点的差距。这也就说明要实现户籍制度改革的最终目标，改革过程中涉及的人口接近 1.4 亿人。在实现这一户籍制度改革目标的过程中，也就意味着从当前时期到 2025 年，中国平均每年要转移农村人口接近 2000 万人，假定这一部分转移人口的劳动参与率为 65%（都阳、陆旸，2013），那么每年向城市转移的劳动力总量约为 1300 万人。基于上述分析的结果显示，这一部分转移人口带来的城市流动劳动力数量的增加对于中国城市产出各方面的影响如表 5-5 所示。

表 5-5　改革对产出影响因素的作用及改革总收益

	2019 年	2020 年	2021 年	2022 年	2023 年	2024 年	2025 年
就业（%）	1.81	1.70	1.60	1.51	1.43	1.36	1.29
资本产出比（%）	-1.38	-1.30	-1.22	-1.16	-1.09	-1.04	-0.98
TFP（%）	1.65	1.55	1.46	1.38	1.31	1.24	1.17
工作时间（%）	-8	-7	-7	-7	-6	-6	-6
净收益（%）	1.99	1.88	1.77	1.67	1.58	1.50	1.42
假定年均经济增长（%）	5	5	5	5	5	5	5
国内生产总值（亿元）	945324	992591	1042220	1094331	1149048	1206500	1266825
年均改革收益（亿元）	18853	18637	18456	18307	18187	18096	18030

资料来源：国内生产总值数据来自《中华人民共和国 2018 年国民经济和社会发展统计公报》，改革的各项弹性系数来自于都阳等（2014），户籍改革收益均为 2018 年的价格。

从表 5-5 中可以看到，虽然每年转移的农村人口数量是相同的，但是这些转移劳动力每一年对于总产出各影响因素的影响是不同的。从改革农村劳动力对城市总就业的影响可以看到，2019 年改革农村劳动力带来的总就业规模的扩大为 1.81%。随着改革的持续推进，户籍制度改革对城市总就业规模的影响在不断下降，其中 2021 年实现改革目标对就业规模的影响为 1.60%，在 2023 年实现既定的改革目标带来劳动力规模扩大的影响进一步下降到 1.43%，直到 2025 年实现同样的改革目标带来的城市总就业规模的扩大只有 1.29%。对于资本产出比也一样，2019 年改革初期带来资本产出比的减少为 1.38%，2021 年实现当年改革目标带来的资本产出比的减少为 1.22%，2023 年实现当年的改革目标带来资本产出比的减少为 1.09%，到 2025 年改革带来的资本产出比的减少仅为 0.98%。

在实现改革目标的过程中，对于城市全要素生产率的影响也在逐年下降。其中在改革初期，实现相同数量人口的改革对城市全要素生产率带来1.7%的增加，在2021年，带来的改革收益仅有1.5%，2023年实现改革目标带来的城市全要素生产率收益进一步下降，仅约1.3%，在最终完成改革目标的2025年的收益仅有1.2%。从改革的净收益看，虽然因为改革各方面的收益在不断下降，总体的改革净收益也呈现一定幅度的下降，但整体上改革还是会带来可观的收益。其中在改革初期的净收益约为2%，但在2021年这一改革净收益下降至1.8%，2023年的改革净收益进一步下降至1.6%，在改革完成的2025年全年的改革净收益仅有1.4%左右。可以看到，虽然历年的改革净收益在不断下降，但改革带来总产出的增加幅度仍然十分可观。进一步地，在2018年的国内生产总值给定的情况下，为准确估算改革每年所能够带来的净收益，不妨假定每年的经济增长率，以便估算每年的国内生产总值，进而估算每年改革带来的净收益。虽然2018年中国国内生产总值增长率为6.6%，但不妨假设今后每年的经济增长率为5%，按照这一经济增长率计算，改革带来的净收益如表5-5所示。从表5-5中看到，即使我们假定今后每年的经济增长率为5%，但每年改革带来的净收益仍高达1.8万亿元，户籍制度改革带来的收益将远超一般性的观点。

四　总结

基于已有的研究成果，本章研究发现，户籍制度改革所能直接带来消费的增长，也就是户籍制度改革带来的农民工市民化可以通过扩大消费这一途径，带来超过1万亿元的总收益。虽然各省之间户籍制度改革带来的收益有较大的差异，但是在全国层面户籍改革总的收益是相当巨大的。考虑户籍制度改革并不能在一个较短的时间内完成，因而户籍制度改革也应当是一个动态的过程。即使在动态的情境下，户籍制度改革每年带来总的净收益也超过 1000 亿元，这是一个不容轻视的数字。上述我们仅是考虑了户籍改革所能带来的直接收益，考虑户籍改革可能带其他的经济影响我们可以看到，户籍制度改革带来的农民工市民化对于影响经济增长不同要素的影响是不同的，具体地看，户籍制度改革会对就业有着正向的影响、对资本产出比会有负面的影响、对全要素生产率有着积极的影响、而对工作时间有着消极的影响。尽管户籍制度改革对于影响经济发展因素的影响既有积极的也有消极的，但是户籍制度改革总的影响是正向的。平均来看，户籍制度改革能够带来每年 1.6% 的经济增长。户籍制度改革所能够带来的直接经济收益与间接经济效益，远超前文所述的户籍改革成本，这说明户籍制度改革总是能为我国带来净收益的。

中国正面临着中等收入陷阱这一巨大的挑战，当经济发展水平处于这一阶段时，只有通过深化改革带来生产效率的提高，才能越过这一难关，成功迈进高等收入国家行列。处于中高收入等收入的国家，不能再像经济发展程度较低时一样，完全依靠要素驱动以达到经济增长的目的。因为这时候的经济体的要素成本不再具有比较优势，尤其是劳动力成本，随着经济发展水平的提高，呈现出不断上升的趋势。所以处于这一发展阶段的经济体只有更多地依靠提高经济体的全要素生产率，才能带来经济体更好的发展。

中国特有的户籍制度，通过将劳动者划分为农业和非农业群体，并赋予不同劳动群体不均等的权利，不仅造成了不同劳动群体享有不同的就业机会，同时还起到了抑制劳动力自由流动的作用，极大程度限制了劳动力市场的发展，使劳动力市场难以实现劳动力资源最优配置的功能。而对户籍制度改革过多将关注点放在户籍改革的成本上，没有看到户籍改革所能带来的收益，或者是只看到户籍制度改革带来的直接收益如消费增加等，并没有看到户籍制度改革所能带来的间接收益，导致预期的户籍制度改革收益低于实际的户籍改革收益与户籍改革成本，使得户籍制度改革迟迟难以得到有效的进展。

户籍制度改革不仅能够统筹城乡之间的均衡发展，更好地实现城乡一体化，更是能够让更多的人共同分享改革所带来的收益。而户籍改革所能带来的潜在经济效应，也能够为中国的经济发展提供源源不断的动力。只有正确地认识户籍制度改革所能带来的收益，才会意识到只有改革才能带来经济持续的发展。

第六章　全面户籍制度改革的政策含义

迄今为止，从户籍制度和人口流动政策变迁的过程来看，围绕户籍制度改革，很多处于外围的配套政策的改革已经得到推进，户籍制度不再成为阻碍劳动力流动并在城市居住的障碍。但改革越来越需要进入户籍本身改革这个核心问题上。本书从中国户籍制度改革的实践和实际出发，系统地从整体上估算和实证分析了中国全面户籍制度改革所需的成本和获得的经济收益。研究结论表明，基本公共服务和福利均等化的全面户籍改革成本财政可以负担，不超过当年全国财政用于与民生直接相关支出的20%，更为重要的是全面深化户籍制度改革在未来将为中国的经济发展带来明显的收益，将带来近2%的GDP增长收益。因此，这意味着在推进全面户籍制度改革中只考量改革所要付出的成本，而忽略其带来的巨大收益，会制约改革实践的进程。

一　主要研究结论

本书在人口迁移对经济和社会发展影响的理论框架下，基于中国人口流动与户籍制度政策变迁的实践，以基本公共服务和福利均等化为户籍制度改革的内涵，估算了全面户籍制度改革所需的成本及其构成特征；以迁移—产出增长的实证分析模型，估算了全面户籍制度改革可能获得的经济收益。主要研究结论归结如下。

第一，流动人口对地区的生产效率有一定程度的提升，这一提升无论是对于低技能流动人口群体还是高技能流动人口群体都是显著的；流动人口还对社会的发展有比较明显的影响，这一影响不仅体现在对地方劳动力市场有即期的影响——扩大劳动力市场规模，同时还会影响到地方劳动力的人力资本积累，而且流动人口对于影响社会发展的其他因素也会有一定的影响，比如对地方财政和公共服务也有相当的影响。同时，流动人口对于流出地也有相当的影响，这些影响多是长久且深远的。

第二，中国的人口流动政策演进基本是沿着宽松—逐渐紧缩—渐进放松—完全放开这一大的趋势演化的。中国的户籍制度调整也具有与人口流动政策相同的变化趋势，随着中国户籍制度的产生、发展和完善，再到最后户籍制度被赋予人口管理的功能，户籍制度走的大致是与人口流动政策相同的方向。户籍制度改革以地方为主导，不时尝试推动户籍改革并偶现亮点，但始终缺乏全国层面的整体设计和统筹安排。

第三，通过将中国的农业就业人口与经济发展和中国相近的其他国家的农业就业比重的比较发现，中国的农业就业比重要显著高于世界上的其他国家。改革影响农业就业人口转移的因素，会加速农业就业人口的转移，缓解中国现阶段比较严峻的劳动供给现状。相较于本地居民，流动人口无论是在劳动参与率还是实际劳动时间上都比较高。这也为户籍制度改革带来实际劳动力供给总量的增加提供了可能，改革现有的户籍制度，高于现阶段经济发展水平的农业就业人口的转移能够带来中国劳动力供给总量的增加，有效减轻劳动力供给下降所可能造成的不利影响。

第四，以基本公共服务和福利均等化的全面户籍改革成本可以负担，考虑成本动态增长的情况下，不超过当年全国财政用于与民生直接相关支出的20%。户籍价值的地区不平衡突出、城市之间差异很大,这决定了地方推动户籍改革存在巨大的阻力,改革必须要全国整体推进、由中央政府发挥主导作用,以基本公共服务和福利均等化为思路的户籍改革方案在财政上具有可行性,关键在于全国总体的改革设计和良好的成本分摊机制。

第五,以往由于过多关注改革的巨大成本,而户籍制度改革所能带来的红利,往往为我们所忽视。全面的户籍制度改革当是改革攻坚的重要内容,深化改革与持续经济增长是兼容的。全面深化户籍制度改革在未来将为中国的经济发展带来明显的收益,将带来近2% GDP增长收益。以全面深化户籍制度改革为基础所推动的新型城市化,将使中国经济的发展更加健康。

二 加快全面户籍制度改革的政策建议

现在中国人口红利已经消失,需要正确认识到人口流动所能带来的有利影响和效应,通过全面户籍制度改革来调整人口流动政策,以充分发挥人口流动带来的有利因素,以户籍制度改革所带来的巨大收益,收获和创造新的人口流动红利。

(一) 户籍制度改革是公共品

从户籍制度改革的本质来说,是实现城市常住人口下的基本公共服务均等化,那么,户籍制度改革就是一个公共产品,需要中央政府买单。全面户籍制度改革就必须让户籍制度的改革成本,能够在中央政府和地方政府,在社会、个人、企业之间合理分担。针对不同规模城市户籍价值的地区不平衡突出、城市之间差异很大,决定了地方推动户籍改革存在巨大的阻力,改革必须要全国整体推进、由中央政府发挥主导作用,以基本公共服务和福利均等化为思路的户籍改革方案在财政上具有可行性,关键在于全国总体的改革设计和良好的成本分摊机制。同时,让改革的潜在红利能够预先有确定的期望值,能够在各个群体之间合理分享。只有这样才会实质性推进户籍制度改革,继续实现库兹涅茨(Kuznets)曲线的发展过程,保持中国经济未来的中高速增长。

从本书的实证结果和证据可以看出推进户籍制度改革,加快农业转移人口市民化,可以为中国未来提供更充分的劳动力供给,更有效率地配置劳动力资源,提高生产率,这项改革红利是一个"公共品",大家都受益。

现在还无法分享这个改革红利,因为不能一一直接对应,分担改革的成本,那么中央政府为推进户籍制度改革多买单就至关重要。应该按照自上而下的顶层设计推动户籍制度改革。其次,中央政府要制定一个全面的时间表和路线图,让中央政府支付的这些改革成本与地方实现的城市户籍人口的增长一一对应,形成可控的、可推进的、可操作的,也可评估的改革路径。

(二) 激励相容促进地方政府推进户籍制度改革

户籍制度改革进程缓慢的根本原因在于地方政府的激励不足。但要推进这项改革,有一些直接成本要由地方政府支出,地方政府也有其实际困难,这就相当于改革收益和成本之间存在着一个不对称。户籍制度改革收益的实证研究结论表明,全面的户籍制度改革带来真金白银、实实在在的改革红利,就说明它是一个具有强大正效应的外部经济,外部经济的含义就是"公共品",公共品就应该由中央政府买单。我们要从理念上认识到这一点,如果不能解决改革激励不对称、不相容的问题,户籍制度改革推进速度就不会快。

户籍含金量与人口、经济集聚高度关联,户籍价值高的城市经济发达、流动人口多,导致户籍改革成本的地区差异远超过经济发展水平的地区差异，户籍改革成本居前10位的城市累计总成本占全国总体近3/4。显然，户籍含金量越高、流动人口规模越大的城市户籍改革成本越高，改革的难度和阻力也就越大。同时，户籍价值低、流动人口少的城市改革负担也不轻，相对于其经济发展水平、财政负担能力，改革阻力也可能较大。除了户籍制度本身，地方在推动改革中还受到现行制度的约束，财政分权制度、地方竞争模式甚至官员晋升机制等对于地方介入经济、促进增长具有较强激励，而户籍改革的本质不是增长而是分配，是增长成果的再分配。现行制度下"增长"与"分配"的矛盾突出，依靠地方为主推动户籍改革必然举步维艰。因此，全国层面的制度设计和整体推进是户籍改革成败的关键，中央政府承担更大责任则是基本方向。

（三）户籍改革必须遵循改革收益与改革成本对等的原则，即"钱"由谁出、各出多少

在现有财政分权制度没有根本性调整下，户籍改革成本需要由中央财政负担更大比例，这需要从执行操作层面进行更深入的研究。基本的分摊机制思路可以考虑为：最基本的公共服务可完全由中央政府负责，如教育尤其是义务教育和中等教育，就业、医疗卫生、养老保障等随着统筹层次逐步提高，中央财政也应该承担更高比例，在一些准公共服务和投资性福利项目方面如住房保障、社区服务等，地方政府可根据自身情况逐步平稳推进。

应该遵循"全国同步推进、兼顾地区差异"的原则。基本公共服务和福利均等化的改革思路和方案必须在所有城市（超大城市也不例外）有效落实，同步推进有利于保障改革成本在地区和城市间的合理分摊，若落户标准差异太大，容易引发人口无序流动，造成地方之间户籍改革负担的不平衡，阻碍户籍改革平稳推进。考虑到人口规模、公共资源和财政负担等约束，地区差异化政策是必要的，但是，必须要打破现有的行政区域分割，以城市的实际改革负担能力为基本依据，而不能简单地以大、中、小城市规模或东中西区域划分，流动人口较少的地区和城市同样也可能存在改革负担，东部地区同样也存在经济和财政能力有限的城市。

（四）全面户籍制度改革是延续人口红利的有效措施

从经济学意义上来说，首先，人口红利并非表面简单理解的那样，仅仅是一个劳动力数量问题。准确来说，人口红利不是一个人口学问题，而是属于经济增长问题。人口红利涉及劳动力数量、人力资本、资本回报率和全要素生产率等经济增长的要素。这些因素以往都有利于经济增长，如今却发生了逆转性变化。劳动力数量这样一个简单变量，不足以解释改革时期的经济高速增长，也不足以解释 2012 年以来的经济减速。

其次，从上述导致经济增长减速的因素看，2010 年以后人口结构的自然变化都不利于经济增长，所以说人口红利已经消失。但在人口因素的存量中，尚有一些潜力，由于存在的体制机制障碍，尚未被充分挖掘，需要通过改革挖掘潜力。因此，从增量上讲，人口红利已经消失，但从存量上看尚有挖掘潜力。不过，就后者而言，与其称之为人口红利，不如称之为改革红利。为此，中国未来最理想的户籍制度可能是登记制，基本公共服务均等化。

最后，在收获人口红利的发展阶段，生产要素投入驱动经济增长是主要增长方式，而且劳动力从低生产率部门（如农业）向高生产率部门（如非农产业）流动，带来的资源重新配置效率是构成全要素生产率提高的主要组成部分。但是随着中国人口红利的消失，一方面，生产要素投入驱动型的经济增长不可持续；另一方面，资源重新配置空间变得越来越小。所以，必须通过制度和技术创新，以及发挥竞争性市场的优胜劣汰作用，提高全要素生产率。

参考文献

第一章

蔡昉：《户籍制度改革与城乡社会福利制度统筹》，《经济学动态》2010年第12期。

胡云生：《郑州"户籍新政"缘何匆忙叫停》，《中国改革》2004年第11期。

陆益龙：《1949年后的中国户籍制度：结构与变迁》，《北京大学学报》（哲学社会科学版）2002年第2期。

孙文凯：《中国的户籍制度现状、改革阻力与对策》，《劳动经济研究》2017年第3期。

汪继业：《从限制到融合：改革开放以来党的农村人口流动政策的演变》，《湖南行政学院学报》2015年第6期。

王瑜、仝志辉：《中国户籍制度及改革现状》，《中国农业大学学报》（社会科学版）2016年第1期。

魏后凯、盛广耀：《我国户籍制度改革的进展、障碍与推进思路》，《经济研究参考》2015年第3期。

姚秀兰：《论中国户籍制度的演变与改革》，《法学》2004年第5期。

尹德挺、黄匡时：《改革开放 30 年我国流动人口政策变迁与展望》，《新疆社会科学》2008 年第 5 期。

张焕英、曾晶：《改革开放以来重庆市农村剩余劳动力转移的政策演变及其效应分析》，《贵州大学学报》（自然科学版）2017 年第 2 期。

张晓敏、张秉云、张正河：《人口要素流动门槛变迁视角下的户籍制度改革》，《哈尔滨工业大学学报》（社会科学版）2016 年第 6 期。

第二章

蔡昉：《户籍制度改革与城乡社会福利制度统筹》，《经济学动态》2010 年第 12 期。

蔡昉、都阳、王美艳：《户籍制度与劳动力市场保护》，《经济研究》2001 年第 12 期。

李实：《中国农村劳动力流动与收入增长和分配》，《中国社会科学》1999 年第 2 期。

马忠东、张为民、梁在、崔红艳：《劳动力流动：中国农村收入增长的新因素》，《人口研究》2004 年第 3 期。

姚枝仲、周素芳：《劳动力流动与地区差距》，《世界经济》2003 年第 4 期。

赵伟、李芬：《异质性劳动力流动与区域收入差距：新经济地理学模型的扩展分析》，《中国人口科学》2007 年第 1 期。

周昌林、魏建良：《流动人口对城市产业结构升级影响的实证研究——以宁波市为例》，《社会》2007 年第 4 期。

Adams R. H., Page J., "Do International Migration and Remittances Reduce Poverty in Developing Countries?", *World Development*, 2005, 33（10）.

Biavaschi C., Burzynski M., Elsner B., Machado J., "The Gain from the Drain: Skill-biased Migration and Global Welfare", IZA Discussion Paper No. 10275, 2016.

Borjas G. J., Freeman R. B., Katz L. F., "On the Labor Market Effects of Immigration and Trade", NBER Working Paper No. w3761, 1991.

Borjas G. J., "Migration and Welfare Magnets", *Journal of Labor Economics*, 1999, 17 (4).

Borjas G. J., "Self-Selection and the Earnings of Immigrants", *The American Economic Review*, 1987, 77 (4).

Borjas G. J., "The Economic Analysis of Immigration", *Handbook of Labor Economics*, 1999, 3 (A).

Campo F., Forte G., Portes J., "The Impact of Migration on Productivity and Native-Born Worker's Training", IZA Discussion Paper No. 11833, 2018.

Carliner G., "Wages, Earnings and Hours of First, Second and Third Generation American Males", *Economic Inquiry*, 1980, 18 (1).

Chalfin A., "The Long-run Effect of Mexican Immigration on Crime in US Cities: Evidence from Variation in Mexican Fertility Rates", *American Economic Review*, 2015, 105 (5).

Chiswick B. R., "The Effect of Americanization on the Earnings of Foreign-Born Men", *Journal of Political Economy*, 1978, 86 (5).

Ciccone A., Hall R. E., "Productivity and the Density of Economic Activity", *American Economic Review*, 1996, 86 (1).

De Haas H. D., "Migration, Remittances and Regional Development in Southern Morocco", *Geoforum*, 2006, 37 (4).

Gang I. N., Rivera-Batiz F. L., "Labor Market Effects of Immigration in the United States and Europe", *Journal of Population Economics*,

1994, 7 (2).

Genicot G., Mayda A. M., Mendola M., "The Impact of Migration on Child Labor: Theory and Evidence from Brazil", IZA Discussion Paper No. 10444, 2016.

Gerking S. D., Mutti J. H., "Illegal Immigration: Economic Consequences for the U. S.", Unpublished paper, University of Wyoming, Department of Economics, 1979.

Grossman J. B., "The Substitutability of Native and Immigrants in Production", *The Review of Economics and Statistics*, 1982, 64 (4).

Grossman J. B., "Unsanctioned Immigrants and Unemployment", Mathematical Policy Research Staff Paper #01C-29, Princeton, 1981.

Hunt J., Gauthier-Loiselle M., "How Much Does Immigration Boost Innovation?", *American Economic Journal: Macroeconomics*, 2010, 2 (2).

Jinno M., "The Impact of Immigration Under the Defined-Benefit Pension System", *Demographic Research*, 2013, 28 (21).

Johnson G. E., "The Labor Market Effects of Immigration", *Industrial Labor Relation Review*, 1980, 33.

Jones R. C., "The Renewed Role of Remittances in the New World Order", *Economic Geography*, 1998, 74 (1).

Kalacheck E. D., Raines F., "The Structure of Wage Differences Among Mature Men", *The Journal of Human Resources*, 1977, 11 (4).

Keely C. B., Tran B. N., "Remittances from Labor Migration: Evaluations, Performance and Implications", *International Migration Review*, 1989, 23 (3).

Keer W. R., Lincoln W. F., "The Supply Side of Innovation: H-1B Visa Reforms and U. S. Ethnic Invention", *Journal of Labor Econom-*

ics, 2010, 28 (3).

Lacomba J. A., Lagos F., "Imigration and Pension Benefit in the Host Country", *Economica*, 2010, 77 (306).

La Roca J. D., Puga D., "Learning by Working in Big Cities", *The Review of Economic Studies*, 2017, 84 (1).

Mincer J., *Schooling, Experience, and Earnings*, New York: National Bureau of Economic Research, 1974.

Peri G., "The Effect of Immigration on Productivity: Evidence from U. S. States", *The Review of Economics and Statistics*, 2012, 94 (1).

Preston I., "The Effect of Immigration on Public Finances", *The Economic Journal*, 2014, 124 (580).

Razin A., Sadka E., "Migration and Pension with International Capital Mobility", *Journal of Public Economics*, 1999, 74 (1).

Roy A. D., "Some Thoughts on the Distribution of Earnings", *Oxford Economic Papers*, 1951, 3 (2).

Sattinger M., "Assignment Models of the Distribution of Earnings", *Journal of Economic Literature*, 1993, 31 (2).

Spenkuch J. L., "Understanding the Impact of Immigration on Crime", *American Law and Economics Review*, 2014, 16 (1).

Weiss R. D., "The Effect of Education on the Earnings of Blacks and Whites", *The Review of Economics and Statistics*, 1970, 52 (2).

Weiss W., Williamson J. G., "Black Education, Earnings and Interregional Migration: Some New Evidence", *The American Economic Review*, 1972, 62 (3).

第三章

蔡昉:《农业劳动力转移潜力耗尽了吗?》,《中国农村经济》2018

年第9期。

蔡昉、都阳、王美艳：《户籍制度与劳动力市场保护》，《经济研究》2001年第12期。

陈钊、徐彤、刘晓峰：《户籍身份、示范效应与居民幸福感：来自上海和深圳社区的证据》，《世界经济》2012年第4期。

程杰：《养老保障的劳动供给效应》，《经济研究》2014年第10期。

都阳：《就业政策的阶段特征与调整方向》，《劳动经济研究》2016年第4期。

都阳、蔡昉、屈小博、程杰：《延续中国奇迹：从户籍制度改革中收获红利》，《经济研究》2014年第8期。

都阳、贾朋：《劳动供给与经济增长》，《劳动经济研究》2018年第3期。

郭庆旺、贾俊雪：《中国潜在产出与产出缺口的估算》，《经济研究》2004年第5期。

孟凡强：《劳动力市场多重分割下的城乡工资差距》，《人口与经济》2014年第2期。

屈小博：《城镇本地与迁移劳动力工资差异变化："天花板"还是"黏地板"？》，《财经研究》2014年第6期。

屈小博、程杰：《劳动力供给转变与资源配置效率的关联度》，《改革》2017年第2期。

孙婧芳：《城市劳动力市场中户籍歧视的变化：农民工的就业与工资》，《经济研究》2017年第8期。

孙文凯、白重恩、谢沛初：《户籍制度改革对中国农村劳动力流动的影响》，《经济研究》2011年第1期。

汪伟、艾春荣：《人口老龄化与中国储蓄率的动态演化》，《管理世界》2015年第6期。

吴晓刚、张卓妮：《户口、职业隔离与中国城镇的收入不平等》，

《中国社会科学》2014 年第 6 期。

赵奉军：《城市让生活更美好——户籍身份变动与居民生活满意度》，《中国农村观察》2016 年第 4 期。

Borjas G. J. , "Self-Selection and the Earnings of Immigrants", *The American Economic Review*, 1987, 77 (4).

Gronau R. , "Wage Comparisons—A Selectivity Bias", *Journal of Political Economy*, 1974, 82 (6).

Heckman J. , "Sample Selection Bias as a Specification Error", *Econometrica*, 1979, 47 (1).

Roy A. D. , "Some Thoughts on the Distribution of Earnings", *Oxford Economic Papers*, 1951, 3 (2).

Sattinger M. , "Assignment Models of the Distribution of Earnings", *Journal of Economic Literature*, 1993, 31 (2).

Zuo X. , Wang F. , "Inside China's Cities: Institutional Barriers and Opportunities for Urban Migrants", *American Economic Review*, 1999, 89 (2).

第四章

蔡昉：《户籍制度改革与城乡社会福利制度统筹》，《经济学动态》2010 年第 12 期。

蔡昉、都阳、王美艳：《户籍制度与劳动力市场保护》，《经济研究》2001 年第 12 期。

蔡昉：《改革户籍制度使农民变城市民》，《经济参考报》2012 年 12 月 14 日。

蔡禾、王进：《"农民工"永久迁移意愿研究》，《社会学研究》2007 年第 6 期。

陈广桂：《房价、农民市民化成本和我国的城市化》，《中国农村经济》2004 年第 3 期。

陈忠谊、李萍:《新一轮户籍制度改革公共成本测算及分担机制研究》,《辽宁行政学院学报》2017 年第 6 期。

丁萌萌、徐滇庆:《城市化进程中农民工市民化的成本测算》,《经济学动态》2014 年第 2 期。

都阳:《户籍与人口流动政策对收入分配的影响》,2012 年,工作论文,http://iple.cass.cn/upload/2013/01/d20130115105719846.pdf。

费潇:《最优城市化水平研究》,《第九届中国软科学学术年会论文集(下册)》,中国软科学研究会,2013 年。

国务院发展研究中心课题组:《农民工市民化进程的总体态势与战略取向》,《改革》2011 年第 5 期。

胡桂兰、邓朝晖、蒋雪清:《农民工市民化成本效益分析》,《农业经济问题》2013 年第 5 期。

康涌泉:《农业转移人口市民化的成本及收益解析》,《河南师范大学学报》(哲学社会科学版)2014 年第 6 期。

李江涛、张锦华主编:《中国广州农村发展报告 2011》,社会科学文献出版社 2011 年版。

刘洪银:《新生代农民工内生性市民化与公共成本估算》,《云南财经大学学报》2013 年第 4 期。

陆益龙:《户口还起作用吗——户籍制度与社会分层和流动》,《中国社会科学》2008 年第 1 期。

牛文元主编:《2009 中国新型城市化报告》,科学出版社 2009 年版。

彭希哲、赵德余、郭秀云:《户籍制度改革的政治经济学思考》,《复旦学报》(社会科学版)2009 年第 3 期。

吴华安:《统筹户籍改革成本的构成、测度与分担——基于有关文献的研究与启示》,《西部论坛》2016 年第 5 期。

吴开亚、张力、陈筱:《户籍改革进程的障碍:基于城市落户门槛的分析》,《中国人口科学》2010 年第 1 期。

吴开亚、张力:《发展主义政府与城市落户门槛:关于户籍制度改革的反思》,《社会学研究》2010 年第 6 期。

谢建社、张华初:《农民工市民 2015 化公共服务成本测算及其分担机制——基于广东省 G 市的经验分析》,《湖南农业大学学报》(社会科学版) 2015 年第 4 期。

张广裕:《农业转移人口市民化成本估算与分担机制研究——以甘肃省为例》,《宁夏大学学报》(人文社会科学版) 2015 年第 6 期。

张国胜:《基于社会成本考虑的农民工市民化:一个转轨中发展大国的视角与政策选择》,《中国软科学》2009 年第 4 期。

中国发展研究基金会:《城市化进程中的农民工市民化问题》,载《中国发展报告 2010:促进人的发展的中国新型城市化战略》,人民出版社 2010 年版。

中国科学院可持续发展战略研究院:《2005 中国可持续发展战略报告》,科学出版社 2005 年版。

周春山、杨高:《广东省农业转移人口市民化成本——收益预测及分担机制研究》,《南方人口》2015 年第 5 期。

Chan K. W., Buckingham W., "Is China Abolishing the Hukou System", *The China Quarterly*, 2008, 195 (9).

Dvaies G., Ramia G., "Governance Reform toward 'Serving Migrant Workers': The Local Implementation of Centre Government Regulations", *The China Quarterly*, 2008, 193 (3).

Wang M., Cai F., "Future Prospects of Household Registration System Reform", in Cai F. (ed.), *The Sustainability of Economic Growth from the Perspective of Human Resources*, Leiden-Boston: Brill, 2010.

第五章

蔡昉:《农民工市民化与新消费者的成长》,《中国社会科学院研究生院学报》2011年第3期。

都阳、蔡昉、屈小博、程杰:《延续中国奇迹:从户籍制度改革中收获红利》,《经济研究》2014年第8期。

都阳、陆旸:《经济发展新阶段的劳动供给形势与政策》,载蔡昉主编《2013中国人口与劳动问题报告》,社会科学文献出版社2013年版。

王美艳:《农民工消费潜力估计——以城市居民为参照系》,《宏观经济研究》2016年第2期。

Autor H. D., Levy F., Murnane R. J., "The Skill Content of Recent Technological Change: An Empirical Exploration", *The Quarterly Journal of Economics*, 2003, 118 (4).

Imbs J., Wacziarg R., "Stages of Diversification", *American Economic Review*, 2003, 93 (1).

Manning A., "We can Work It Out: The Impact of Technological Change on the Demand for Low Skill Workers", *Scottish Journal of Political Economy*, 2004, 51 (5).

Peri G., "The Effect Of Immigration On Productivity: Evidence From U. S. States", *The Review of Economics and Statistics*, 2012, 94 (1).